HISTORIQUE
○ DE LA ○
GUERRE

Fascicule n° 13

PAR

Ferdinand BAUDOUIN

Ancien Officier de Réserve
x à Ruffec, Maire de Couture-d'Argenson (2-Sèvres)
Officier de l'Instruction Publique

HISTORIQUE

DE

LA GUERRE

PAR

Ferdinand BAUDOUIN

Ancien Officier de réserve,
Juge de Paix à Ruffec, Maire de Couture-d'Argenson,
Officier de l'Instruction Publique.

TREIZIÈME PARTIE

Les troupes anglaises progressent dans la région d'Armentières.
Destruction complète d'une colonne allemande près de Lihons.
Progrès russes en Galicie.
Le croiseur russe « Askold » coule deux navires turcs à Beyrouth.
Progression générale des alliés sur tout le front, notamment en
  Belgique et en Argonne.
Les Chambres françaises se réunissent à Paris.
Progrès sensibles des Français vers Boureilles et Vauquois.
Violents combats et avance des Français vers Pertes-les-Hurlus.
Les Chambres françaises se séparent après avoir voté les crédits
  de guerre.
L'armée belge progresse sur les rives droites de l'Yser.
Occupation par les Français d'une partie de La Boisselle.
Un zeppelin jette des bombes sur Nancy.

NIORT

IMPRIMERIE TH. MARTIN
Rue Saint-Symphorien

—

1915

HISTORIQUE DE LA GUERRE

18 DECEMBRE 1914

Les troupes anglaises progressent dans la région d'Armentières. — Une offensive allemande sur le Four de Paris et Saint-Hubert est repoussée. — Conférence de Malmoë (Suède) entre les rois de Suède, de Norvège et de Danemarck.

Situation des armées sur le front occidental

L'offensive des armées alliées en Belgique s'est encore accentuée dans la journée d'hier; comme la veille, des combats violents se sont livrés dans la région de Nieuport; les Allemands se sont épuisés en de vains efforts pour réoccuper le terrain qu'ils avaient abandonné les jours précédents, mais ils ont été repoussés avec des pertes en tués et en prisonniers. Nous nous sommes avancés encore un peu au nord-est de Nieuport, dans la région des dunes.

L'ennemi a également effectué deux contre-attaques au nord de la route d'Ypres à Ménin, mais sans succès. Par contre, les Anglais ont encore progressé dans la région d'Armentières.

Le progrès le plus sensible de la journée s'est produit vers Arras, où s'est livrée une véritable bataille, sur le front Auchy, La Bassée, Loos, Saint-Laurent et Blangy ; presque toutes les tranchées ennemies de première ligne ont été enlevées.

Les correspondants des journaux sont unanimes à signaler qu'il se prépare quelque chose dans les Flandres, en raison des mouvements de troupes allemandes en Belgique; on ne serait pas éloigné de croire à une recrudescence d'activité de l'ennemi vers Nieuport et Ypres, car s'il paraît avoir renoncé à marcher sur Calais, il n'a pas encore abandonné tout espoir de conquérir le reste de la Belgique. Toute crainte à ce sujet paraît cependant devoir être écartée.

Les communiqués officiels d'aujourd'hui nous signalent également de violentes attaques allemandes sur Saint-Hubert et le Four-de-Paris, en Argonne; ces attaques ont été repoussées, non sans subir quelques pertes, car au nord du Four-de-Paris l'ennemi a fait sauter à la mine une de nos tranchées.

Dans l'Aisne et en Champagne, notre artillerie lourde a décidément pris la supériorité sur l'artillerie ennemie.

F. B.

Nouvelles diverses publiées par les journaux

— D'après les dernières nouvelles, la santé de Guillaume II paraît s'améliorer; l'opération projetée n'aurait pas lieu.

— Armentières a été bombardé à nouveau d'une façon très violente dans la nuit du 14 au 15 décembre; les dégâts sont très importants, les Allemands ont employé des obus incendiaires.

— M. de Bulow, ambassadeur d'Allemagne, est arrivé à Rome le 17 décembre, à 9 h. 35 du matin. Son arrivée n'a pas troublé le calme de la population; des mesures d'ordre avaient été prises en vue de manifestations populaires hostiles.

En Russie. — On annonce que les Allemands ont évacué Lodz, les troupes ont été transportées dans la région Lowicz-How et plus au sud, vers Pétrokow, où des renforts étaient nécessaires.

creusé par l'explosion, et de là ils bombardent les tranchées avec des pétards de mélinite.

Le même jour, près de Lihons, une de nos mines détruit une contre-mine allemande; on voit des travailleurs ennemis projetés dans les airs au milieu de nuages de fumée.

L'activité ennemie ne se manifeste que par deux attaques lancées le 11 dans la région de Fouquescourt, et une attaque près d'Ovillers, facilement contenue l'une et l'autre. L'artillerie allemande qui, le 14, bombarde Mareuil, ne parvient à causer que quelques dégâts matériels.

Nos batteries, au contraire, affirment leur supériorité. Le 13, elles bouleversent les tranchées, gênent les travailleurs ennemis et atteignent des rassemblements de troupes. Le 14, des automobiles rassemblées sur la route de Lens à La Bassée, sont obligées de fuir devant nos obus.

Malgré les rigueurs de décembre et les pluies qui font des tranchées un bourbier, le moral et la santé de nos troupes demeurent parfaits. Leur ingéniosité pare à l'humidité des tranchées et à l'effondrement des terres par des systèmes variés de clayonnage ou par l'utilisation des toits en tôle ondulée, des portes et des planches.

Entre l'Oise et l'Argonne. — Sur ce front, du 6 au 16 décembre, c'est un duel d'artillerie presque quotidien sans aucune action d'infanterie, si ce n'est dans la nuit du 7 au 8 une attaque allemande sur Tracy-le-Val, facilement repoussée.

L'artillerie allemande s'acharne sur des villes ou des villages. Le 6, elle bombarde Soissons; le 10 et le 15, Tracy; le 10, les faubourgs de Reims; le 12, la ville de Reims; le 14, le village de Crouy.

Notre artillerie riposte et a des coups heureux. Le 6, elle atteint des trains; le 7, elle disperse des rassemblements; le 9, elle bouleverse un réduit pour mitrailleuses et un observatoire. Le 10, elle détruit une batterie. Le 11, notre artillerie lourde fait taire des mitrailleuses : le 75 éteint le feu d'un 77. Le 13, nos obus démolissent des tranchées; le 14, nos grosses pièces imposent silence aux 77.

En Argonne. — C'est dans ce secteur que l'ennemi marque toujours le plus d'activité. A la guerre de sape se mêlent des attaques d'infanterie.

Le 7, dans le bois de La Grurie, nous faisons exploser un fourneau de mines et nous portons en avant une de nos tranchées.

Le 8, nous progressons dans le bois de Bolante. A l'ouest de Perthes, nous mettons le feu à trois fourneaux. Un bataillon donne l'assaut. Les tranchées allemandes de première ligne sont prises.

Le 9, deux attaques allemandes vers Bagatelle, une attaque devant Saint-Hubert sont repoussées. L'ennemi fait par deux fois un infructueux et coûteux effort pour reprendre les tranchées qu'il a perdues à l'ouest de Perthes.

Le 10, nous continuons, malgré une attaque, d'avancer vers Bagatelle. Un officier allemand, qui incitait nos hommes à se rendre, reçoit une balle dans la tête.

A Saint-Hubert, après un violent combat, nous réussissons à maintenir notre front, sauf sur un point, où une tranchée en retrait est aussitôt organisée.

Vers Courte-Chausses, nous progressons à la sape et contraignons l'ennemi à évacuer un petit ouvrage.

Le 11, nous avons à subir aux bois de La Grurie et à Bolante un bombardement. L'ennemi essaie par des patrouilles de gêner nos travaux. A la Haute-Chevauchée, il nous attaque vainement par le feu, mais réussit à faire sauter à la mine une de nos tranchées.

Le 12, les mines ennemies nous font perdre à la Haute-Chevauchée d'autres tranchées. Un barrage est établi en arrière. Au bois de La Grurie, nous gagnons 250 mètres le 12, et nous continuons de progresser légèrement le 13 et le 15. Nous y faisons sauter une sape allemande. Légers progrès également (50 mètres) dans la partie sud de Bolante.

Dépêches officielles

Premier Communiqué

La journée du 17 décembre a été marquée, comme nous l'avons annoncé hier, par une progression de notre part en Belgique, où toutes les contre-attaques de l'ennemi ont échoué.

Dans la région d'Arras, une offensive vigoureuse nous a rendus maîtres de plusieurs tranchées devant Auchy-lès-La Bassée, Loos, Saint-Laurent et Blangy. Sur ce dernier point, nous avons enlevé, sur un front de plus d'un kilomètre, presque toutes les tranchées de première ligne de l'ennemi.

Dans la région de Tracy-le-Val, sur l'Aisne et en Champagne, notre artillerie lourde a pris nettement l'avantage.

Dans l'Argonne, les Allemands ont fait sauter une de nos tranchées au nord du Four-de-Paris et ont essayé d'en déboucher avec trois bataillons. Cette attaque d'infanterie et celle qu'ils ont prononcée à Saint-Hubert ont été repoussées.

A l'est de la Meuse et dans les Vosges, rien à signaler.

Deuxième Communiqué

Nous avons gagné un peu de terrain le long des dunes au nord-est de Nieuport. Deux fortes contre-attaques de l'ennemi au nord de la route Ypres-Menin ont été repoussées.

Légère avance des troupes britanniques dans la région d'Armentières.

Notre artillerie a détruit deux batteries lourdes dans la région de Verdun.

Sur le reste du front, rien de notable à signaler.

19 DECEMBRE 1914

Violents combats en Belgique vers Steenstraete et le cabaret Korteker. — Destruction complète d'une colonne allemande près de Lihons. — Progrès russes en Galicie.

Situation des armées sur le front occidental

Il est maintenant certain que le mouvement en avant des troupes alliées dans les Flandres n'est pas le résultat de circonstances indépendantes de la volonté de l'état-major français, mais bien un mouvement préparé de longue main avec toutes les chances de succès, mouvement lent mais méthodique et vigoureux. C'est mardi dernier, 15 décembre, que l'offensive générale a commencé par des attaques d'infanterie en avant de Nieuport, attaques précédées d'un feu violent d'artillerie des forces de terre et de mer combinées, et par d'autres attaques dans la région d'Ypres. Depuis ce jour, les progrès ne se sont pas interrompus, nous nous sommes avancés le long des dunes, au nord-est de Nieuport, au sud de Dixmude et à l'est d'Ypres; c'est même dans cette dernière région que les progrès sont le plus sensibles, puisque nous nous sommes avancés jusqu'à 8 kilomètres de Roulers et à proximité de Menin.

On nous signale, parmi les brillantes actions de nos troupes sur le front des Flandres, une opération de cavalerie qui a fort bien réussi vers Nieuport-Bains. Dans la nuit du 15 au 16 décembre, des dragons français tentèrent un mouvement tournant contre des forces allemandes établies dans les dunes; les Allemands furent cernés sur trois côtés et obligés d'accepter le combat. Ils aimèrent mieux se rendre; le nombre des prisonniers fut de 900.

Notre progression continue également, mais d'une façon moins sensible, vers La Bassée et Armentières. Les communiqués d'aujourd'hui nous font connaître que nous avons avancé vers Notre-Dame-de-Consolation, Carency, Saint-Laurent, Blangy et Richebourg-l'Avoué; que sur ce dernier point les Indiens se sont particulièrement distingués. Une contre-attaque allemande a cependant réussi à Neuve-Chapelle, où les Anglais ont été obligés d'évacuer une tranchée. Ils la reprendront sans doute demain, s'ils ne l'ont pas fait dans la nuit.

Progrès également vers Lihons et Mametz (Somme) et dans le bois de La Grurie, en Argonne.

Il est à désirer que ces progrès continuent; ils aboutiront sans aucun doute à la retraite allemande dans un avenir qui ne saurait être éloigné.

F. B.

Nouvelles diverses publiées par les journaux

— Le 17 décembre, sur le champ d'aviation des escadrilles de protection de Paris, le commandant Girod, député, a remis la croix de la Légion d'honneur aux lieutenants aviateurs Lalanne et Moineau. La cérémonie a été très imposante; lorsqu'elle a été terminée, douze appareils ont plané sur Paris et la banlieue et ont participé à un vol de nuit d'un effet merveilleux.

— On annonce de Bucarest que le roi de Roumanie a reçu dernièrement une lettre de Guillaume II dans laquelle il fait appel à ses sentiments de famille, comme étant un Hohenzollern, pour soutenir la cause allemande. Le roi aurait répondu très évasivement.

— Le gouvernement français a donné son adhésion au projet de protectorat anglais sur l'Egypte. De son côté, le gouvernement anglais a donné son adhésion au traité franco-marocain du 30 mars 1912, établissant le protectorat français au Maroc.

— Il résulte de renseignements fournis par l'administration militaire qu'elle a envoyé aux armées, pour être distribués aux soldats : 2.050.000 tricots, 1.970.000 couvertures, 2.170.000 ceintures, 2.280.000 paires de chaussettes, 3.500.000 passe-montagne et cache-nez, 1.250.000 paires de gants. Des réserves sont constituées pour remplacer les effets perdus ou usagés.

En Russie. — Les armées allemandes font des efforts pour percer les lignes russes en Pologne, avec l'intention évidente de se diriger sur Varsovie; d'énormes contingents sont transportés sur Lowicz et Pétrokoff.

Dans un récent combat, aux environs de Lodz, un régiment allemand des hussards de la mort a été attiré dans une embuscade par des dragons russes. Sur 3.000 cavaliers allemands, 50 seulement ont échappé à la mort et ont été faits prisonniers.

De renseignements privés parvenus à Rome, il résulte qu'un nouveau plan de campagne vient d'être élaboré entre la Russie et la Serbie. Pendant que 2.500.000 Russes vont rester aux prises avec l'armée austro-allemande et continueront l'investissement de Cracovie et Przemysl, une armée indépendante de 1.500.000 Russes, sous le commandement du général Ivanoff, va marcher sur Vienne, tandis que l'armée serbe se dirigera sur Buda-Pesth.

L'état-major de la flotte russe de la mer Noire fait connaître que, dans la nuit du 14 décembre, le vapeur allemand *Derintie* a été coulé par un navire russe à hauteur de Karassounda.

Le navire-école autrichien *Beethoven* a touché une mine dans le canal de Fasana et a coulé.

En Italie. — L'incident turco-italien paraît réglé d'une façon satisfaisante pour l'Italie. La Turquie a fait des excuses et promis réparation complète du dommage causé.

Documents historiques, récits et anecdotes

— LE BOIS DE MORTEMART. — Un de nos correspondants a assisté à une partie des dernières opérations qui se sont déroulées sur les Hauts-de-Meuse. On sait, par les communiqués officiels, que de violents combats se sont déroulés dans les bois situés entre Pont-à-Mousson et Thiaucourt.

Les nouvelles que voici sont toutes récentes.

Il y a, près de nous, un bois. Dans ce bois passe le ravitaillement des Boches de Metz jusqu'à Saint-Mihiel. Les Boches y sont installés depuis trois mois passés et ont eu le temps de faire des constructions, de creuser des tranchées bétonnées et des mines, de poser des fils de fer, etc.

Il est dangereux que l'infanterie s'y hasarde. Nous avons en ce moment ... pièces d'artillerie qui viennent de tirer sans discontinuer pour battre ce bois. Ce bombardement a duré quarante-huit heures. Il doit y avoir en ce moment, dans le bois, des centaines de victimes. Le bois est presque fauché littéralement.

Nos soldats vont maintenant pouvoir mieux progresser de ce côté. Ils occupent entièrement le bois Le Prêtre et bientôt ils occuperont celui de Mortemart, qui est celui dont je vous parle.

La réponse allemande à notre artillerie a été presque nulle. On ne peut pas se faire une idée d'un tel bombardement. Les maisons tressautaient, tant il y avait de vibrations et de bruit. Tous les jours, nos troupes font des prisonniers.

Le 9 décembre, 21; le lendemain, 90; aujourd'hui, 180. Presque tous les jours c'est ainsi. Ils sont contents au possible. Ils ne dansent pas, mais c'est tout juste. Ils chantent dans les wagons en partant de la gare du village. — (De l'*Intransigeant*.)

— LA RÉPRESSION ALLEMANDE EN ALSACE. — Le commandant de la place de Mulhouse a fait afficher l'arrêté suivant :

« Toutes les enseignes en français et en anglais doivent, d'ici à dix jours, disparaître des rues et lieux publics. Il est interdit de se servir de papier à lettre ou d'enveloppes à en-tête français; il est également interdit de se servir de formulaires ou d'imprimés rédigés en français. Toutes les affaires doivent se traiter en allemand. »

Le commandant de la place de Saverne a rendu un arrêt plus sévère encore :

« Nous rappelons au public, lit-on dans la conclusion de cet « avis », qu'il est expressément interdit de parler français en public. Toute personne qui, sans raison majeure (sic) fait usage de cette langue, s'expose à être arrêtée et poursuivie devant les tribunaux. »

Dépêches officielles
Premier Communiqué

En Belgique nous avons, dans la journée du 18, organisé le terrain gagné la veille au sud de Dixmude et poussé notre front au sud du Cabaret-Korteker; notre avance au sud d'Ypres s'est poursuivie dans un terrain marécageux très difficile.

De la Lys à l'Oise nous avons progressé dans la région de Notre-Dame-de-Consolation (sud de La Bassée) de plus d'un kilomètre au cours des deux dernières journées. Nous avons fait également des progrès dans la direction de Carency; à Saint-Laurent et Blangy, malgré de très vives contre-attaques, les positions acquises le 17 ont été maintenues.

Dans la région d'Albert, nous avons, dans la nuit du 17 au 18 et dans la journée du 18, avancé sous un feu très violent et atteint les réseaux de fils de fer de la seconde ligne de tranchées ennemies.

Au nord de Maricourt, nous avons dû abandonner une tranchée prise la veille et incendiée par l'ennemi au moyen de grenades à mains. Plusieurs tranchées allemandes ont été enlevées dans la région de Mametz et dans celle de Lihons trois violentes contre-attaques allemandes ont été repoussées.

Dans la région de l'Aisne, combats d'artillerie. En Champagne, l'artillerie ennemie a montré plus d'activité que le jour précédent.

En Argonne, dans le bois de La Grurie, nous avons fait sauter une sape allemande; près de Saint-Hubert, l'ennemi, par une attaque très vive, a réussi à progresser légèrement.

Il est confirmé que sur les Hauts-de-Meuse notre tir, réglé par avions, a démoli deux batteries lourdes et endommagé une troisième batterie.

De la Meuse aux Vosges, rien à signaler. Dans les Vosges, vive fusillade allemande, mais pas d'attaque.

Deuxième Communiqué

En Belgique, dans la région de Steenstraete, une attaque ennemie a été refoulée et nous avons fait de sensibles progrès aux abords du Cabaret-Korteker.

Les troupes britanniques ont perdu, du côté de Neuve-Chapelle, quelques-unes des tranchées conquises hier, tandis que le corps indien a progressé de quelques centaines de mètres vers Richebourg-l'Avoué.

L'ennemi a montré de l'activité vers Thiepval et vers Lihons. En ce dernier point, une troupe ennemie a été surprise en colonne et littéralement fauchée.

De l'Oise aux Vosges, aucun incident à noter.

20 DECEMBRE 1914

Progrès des alliés dans les dunes entre Saint-Georges et la mer. — Une offensive allemande sur Saint-Hubert et une autre sur Fontaine-Madame sont repoussées. — Le croiseur russe « Askold » coule deux navires turcs à Beyrouth.

Situation des armées sur le front occidental

Les nouvelles des Flandres qui nous sont données par les communiqués officiels d'aujourd'hui sont relativement bonnes; elles nous indiquent une très légère avance en avant de Nieuport et à l'est et au sud d'Ypres.

Les journaux anglais sont enthousiastes et ils nous annoncent des succès importants qu'il est utile de relater, mais sous toutes réserves. Les armées alliées, partant de Nieuport et de Dixmude, se seraient rejointes au nord-est de la nappe d'eau produite par les inondations de l'Yser. Les Belges, soutenus par des forces françaises et par la flotte, auraient occupé Lombaertzide et poussé leurs avant-gardes au-delà de Middelkerke, à proximité des faubourgs d'Ostende. A Ooskerque, à la suite de trois assauts successifs, ils se seraient emparés des tranchées allemandes et auraient fait 1.000 prisonniers.

Roulers serait occupé par les troupes alliées, il aurait été pris à la suite de quatre furieux assauts livrés aux tranchées ennemies qui défendaient la ville.

Si ces renseignements sont exacts, et rien ne peut faire suspecter leur authenticité, nous nous trouvons en présence d'un très beau résultat. Il y a cependant tout lieu de croire que nous ne sommes qu'au début de notre action dans les Flandres et que l'état-major français attend que les positions conquises soient à l'abri d'un retour offensif de l'ennemi avant de rendre officielle une occupation qui peut n'être que momentanée et que des motifs stratégiques peuvent nous obliger à abandonner.

De la Lys à l'Oise, les armées alliées ont également progressé, notamment vers Richebourg-l'Avoué, Givenchy et au sud-est d'Albert.

L'offensive se produit donc, dans des conditions heureuses, sur l'ensemble du front et même dans les régions d'Ypres et d'Arras nous paraissons avoir évité la poussée formidable dont nous étions menacés.

Si nous avions besoin d'être tranquillisés, les paroles prononcées hier, à la Commission du Sénat, par le Ministre de la guerre, seraient de nature à nous enlever toute inquiétude. Il a déclaré : « La situation est meilleure qu'elle ne fut jamais. »

F. B.

Nouvelles diverses publiées par les journaux

— Un accident d'aéroplane s'est produit, le 19 décembre, aux abattoirs de Vaugirard. Un biplan, monté par Rugère, chef pilote de la maison Voisin, et le commandant Destouches, ayant été obligé d'atterrir, par suite d'un violent remous, dans la cour de l'abattoir, a heurté dans sa descente la toiture de l'abattoir et s'est écrasé sur le sol. Les deux aviateurs ont été tués. Cet appareil faisait les essais réglementaires pour sa réception; il était parti d'Issy-les-Moulineaux.

— M. Max, bourgmestre de Bruxelles, est toujours interné en Allemagne; il a été transféré de la forteresse de Magdebourg à celle de Glatz (Silésie).

— Un officier de marine récemment arrivé à Marseille a déclaré que, le 31 octobre, le paquebot allemand *Kœnigsberg* est entré en rade de Majunga, après avoir inspecté la rade; il a viré de bord et est parti brusquement; il n'a pas menacé de bombarder la place, comme il avait été dit.

— Les victimes du bombardement des ports anglais sont au nombre de 671, dont 122 tués et 549 blessés. Le croiseur anglais *Caroline* est entré en service le 18 décembre, alors que le contrat ne stipulait la livraison qu'au 21 mai 1915.

— Un avion allemand a atterri en territoire danois, dans l'île de Fanoe. Les officiers et le soldat qui le montaient ont été internés en Danemark jusqu'à la fin de la guerre.

— La conférence des trois rois scandinaves, à Malmoë, a pris fin le 19 décembre; ils ont décidé de garder la neutralité la plus absolue.

En Russie. — Des renforts considérables continuent à être dirigés vers la Pologne. L'issue de la bataille engagée sur la Vistule dépendra du chiffre des réserves que chaque adversaire pourra mettre en ligne. Un journal militaire russe déclare : « Nos forces augmentent, non de jour en jour, mais d'heure en heure; notre avalanche de troupes commencera bientôt à balayer l'ennemi aussi loin de nos frontières qu'il sera nécessaire. »

Le croiseur russe *Askold* vient d'arriver à Port-Saïd. Dans une reconnaissance le long des côtes de Syrie, il a capturé un navire allemand qu'il a fait conduire à Port-Saïd. A Beyrouth, il a fait sauter un navire turc et en a coulé un autre.

En Serbie. — Au cours de la bataille devant Belgrade, les Serbes ont pris 80.000 prisonniers, 7 drapeaux, 126 canons, 29 mortiers, 200 mitrailleuses, 362 chars de vivres et munitions, 2.700 chevaux, 180.000 fusils.

L'armée serbe marche sur Sarajévo.

— Une délégation de dix députés hongrois vient d'arriver à Londres. On croit que ces parlementaires sont chargés d'engager des pourparlers de paix avec la Triple-Entente.

— Le roi de Monténégro a conféré la grand'croix de

l'ordre de Danilo au vice-amiral Boué de Lapeyrère, au contre-amiral Bon et à M. Delaroche-Vernet, ambassadeur de France à Cettigne.

Documents historiques, récits et anecdotes

— DEVANT REIMS. — *Les efforts des artilleurs allemands pour échapper à nos aviateurs.* — Les Allemands commencent à trouver nécessaire de changer la position de leurs batteries et le font de nuit de préférence.

Les batteries allemandes de Berru et de Nogent-l'Abbesse se turent dernièrement toute la nuit; peu habitués à ce silence, les Rémois se demandèrent si l'ennemi ne se serait pas replié sur Rethel et, dès le jour, nos aviateurs partirent en reconnaissance. Ils constatèrent qu'en tout cas l'infanterie ennemie n'avait pas bougé de ses tranchées. Leurs convois de ravitaillement étaient concentrés comme d'habitude au nord de Saint-Hilaire-le-Petit et aucun mouvement de troupes n'indiquait une évacuation de la ligne de la Suippe. Un escadron partit en reconnaissance de Cormontreuil dans la direction de Berru, mais ne réussit pas à attirer le feu de l'artillerie allemande qui eût révélé sa position.

Tout à coup, à 10 heures du matin, les obus commencèrent à pleuvoir sur Sillery, où nos troupes en train de creuser des tranchées durent abandonner le travail et on comprit de suite que les Allemands avaient profité de la nuit pour déplacer une section de leurs batteries d'une quinzaine de kilomètres vers le sud-est. Les aviateurs de repartir pour découvrir la nouvelle position : mais dès qu'ils ont pris le vol, les canons se taisent; les Allemands apprécient hautement nos aviateurs et se donnent toutes les peines du monde pour déjouer leur perspicacité. Leurs tranchées, leurs magasins, leurs dépôts, leurs batteries, tout est dissimulé avec un soin jaloux et dès qu'un travail est fini, leurs propres aviateurs le survolent et si quelque chose en révèle encore la position, il y est remédié en apportant de nouveaux troncs d'arbres, de nouveaux feuillages, jusqu'à ce que la dissimulation soit parfaite. Rien de surprenant, dès lors, à ce que nos aviateurs n'aient rien pu découvrir.

Beau trait d'héroïsme. — Deux heures avaient passé, nos troupes au-delà de la Vesle avaient dû évacuer une partie de leurs tranchées, leurs batteries subissant le feu continu de l'ennemi sans pouvoir riposter utilement. L'officier en commandement demanda deux volontaires qui se chargent de repérer les canons allemands.

Deux maréchaux des logis furent choisis parmi ceux qui s'offrirent et, téléphone en main, sortirent des tranchées, prenant pour direction une ferme abandonnée qu'ils atteignirent au bout d'une heure. Ils y grimpèrent dans les combles et, d'une lucarne dans le toit, purent découvrir la situation des batteries. Après deux ou trois coups trop longs ou trop courts, nos artilleurs trouvèrent vite à pointer juste, et quand ils eurent perdu pas mal de servants et plusieurs pièces hors de service, les Allemands jugèrent prudent de déménager à nouveau. Ils se dirigèrent précisément sur la ferme et se mirent en batterie à 30 mètres du bâtiment où se tenaient nos deux sous-officiers.

Ceux-ci continuèrent tranquillement à téléphoner aux leurs chaque mouvement de l'ennemi et finirent par ces mots : « Ils sont en place. Allez, vous pouvez tirer. Tirez sur nous, mon commandant, tirez donc ! »

Les braves enfants furent pris au mot, une grêle d'obus anéantit la ferme et la batterie allemande. — (Du *Times*.)

— LES GENDARMES EMPÊCHÈRENT L'OCCUPATION DE CASSEL. — Lorsqu'une patrouille de cavaliers allemands se présenta à Cassel, aucune force ne s'y trouvait, sauf les gendarmes de Cassel, ceux de Steenwoorde et quelques douaniers, en tout dix ou douze hommes.

Aussitôt avertie, la brave petite troupe partit à la rencontre des Boches. Profitant des accidents naturels du sol, elle put parvenir à se placer en face des Allemands, qui attendaient sans doute des renseignements sur les troupes occupant Cassel. Leur attente ne fut pas longue, car les balles des carabines de nos gendarmes ne mirent pas long-temps pour couvrir les 180 mètres qui les séparaient des Allemands, qui tournèrent bride immédiatement et filèrent à toute vitesse dans la direction de Steenwoorde, abandonnant sur le terrain trois hommes et deux chevaux.

Cette petite escarmouche valut à Cassel d'être épargnée de l'occupation par les Allemands et a permis à une division de cavalerie indépendante qui est arrivée peu après de s'y installer.

Dépêches officielles

Premier Communiqué

De la mer à la Lys :

Nous avons gagné un peu de terrain en avant de Nieuport et de Saint-Georges.

A l'est et au sud d'Ypres, où l'ennemi renforce ses organisations défensives, combats d'artillerie et progression légère de notre part.

De la Lys à l'Oise :

Les forces alliées se sont emparées d'une partie des tranchées de première ligne allemandes sur le front Riche-bourg-l'Avoué-Givenchy-lez-La Bassée.

Au sud-est d'Albert, la tranchée enlevée par nous le 17, près de Maricourt, et perdue le 18, a été reprise hier.

Dans la région de Lihons, les Allemands ont attaqué, deux fois et très violemment, pour nous reprendre les tranchées conquises par nous le 18; ils ont été repoussés.

De l'Oise à l'Argonne, supériorité de notre artillerie se manifestant par l'interruption du tir de l'adversaire, la destruction d'abris de mitrailleuses et d'observatoires et la dispersion d'un rassemblement.

En Argonne, dans le bois de la Grurie, nous avons

repoussé trois attaques : deux sur Fontaine-Madame, une à Saint-Hubert.

Entre Argonne et Vosges, aucun incident saillant.

Deuxième Communiqué

Sur l'ensemble du front, aucune modification n'est signalée.

---

21 DECEMBRE 1914

Progression lente mais générale sur tout le front, notamment en Belgique et en Argonne. — Les Russes mettent en déroute une division autrichienne dans la région de Doukla.

Situation des armées sur le front occidental

Comme il fallait un peu s'y attendre, les nouvelles données hier par les journaux anglais, reproduites par ceux de France et relatives à la prise de Roulers et de Middelkerque sont inexactes. En réalité, on se bat sur la côte jusqu'à Middelkerque, on se bat également d'Ypres aux faubourgs de Roulers et surtout dans le triangle Courtrai-Gand-Bruges, mais l'offensive des troupes alliées rencontre partout une résistance énergique et désespérée des troupes allemandes. L'avance des alliés ne peut pas être contestée, mais elle est relativement lente, car il faut enlever pied à pied les tranchées allemandes qui présentent partout des obstacles sérieux à la marche des troupes. Dans le courant de la semaine dernière, les alliés ont enlevé à la baïonnette, vers Bixschoote, sept tranchées allemandes, toutes inondées, et pour résister aux contre-attaques ennemies, nos troupes se trouvaient obligées de se servir de ces tranchées et d'y rester debout, dans l'eau jusqu'à la ceinture, jusqu'à ce qu'il leur soit possible de reprendre la marche en avant.

Nos progrès sont également très sensibles dans la région d'Arras. Dans la journée d'hier, nous avons occupé un bois près de la route Aix-Noulettes-Souchez et enlevé la première ligne des tranchées allemandes entre cette route et la localité de Notre-Dame-de-Lorette. Notre offensive a été précédée d'un violent duel d'artillerie et on estime à 36 le nombre des canons allemands réduits au silence tant par notre artillerie que par une brillante charge des cuirassiers français.

Nous avons progressé également en Champagne, en Argonne et en Woëvre.

C'est bien là l'offensive générale signalée depuis quelques jours et qui se continue, malgré un retour offensif des Allemands sur quelques points, retour offensif que nous enrayons constamment grâce à la puissance de notre artillerie et à une excellente méthode qui consiste à consolider aussitôt les positions conquises par des travaux de fortifications.

F. B.

Nouvelles diverses publiées par les journaux

— Un hydroplane allemand a jeté sur Calais, hier 20 décembre, deux bombes, qui sont tombées l'une près d'un fort, l'autre sur la gare, sans causer de dégâts.

— Un avion allemand a survolé Dunkerque et a laissé tomber non des bombes, mais des journaux allemands, des cartes postales et des lettres d'aviateurs français prisonniers, adressées à la direction d'une escadrille d'aviation. Nous n'étions pas habitués à une telle générosité de nos ennemis.

— Un aviateur français a lancé une bombe sur un train

militaire allemand qui arrivait à Zeebrugge; une partie du train a été détruite, il y a eu 40 tués et 100 blessés.

— Les journaux de Berlin annoncent que le prince héritier de Saxe, remis de ses blessures, va partir pour le front.

— C'est demain, 22 décembre, que les Chambres françaises se réuniront. La déclaration ministérielle sera lue, dès l'ouverture de la séance, à la Chambre par M. Viviani, au Sénat par M. Aristide Briand.

En Russie. — La bataille se continue, très acharnée, sur les rives de la Pilitza et en Galicie. A Przemysl, la garnison a tenté une nouvelle sortie; après quelques heures de combat, elle dut rentrer dans la ville assiégée.

Une dépêche de Pétrograd annonce qu'une nouvelle armée russe, très puissante, est arrivée en Galicie.

On annonce que, le 9 décembre, un zeppelin a survolé Varsovie et a laissé tomber 18 bombes qui ont tué 90 personnes et en ont blessé 50 autres; le lendemain, des aéroplanes allemands ont jeté sur Varsovie 6 nouvelles bombes.

En Autriche. — La Hongrie, qui pressent le désastre final, paraît vouloir revendiquer son indépendance et se désolidariser des actes de l'Empire; le comte Tisza serait l'instigateur du mouvement.

Un télégramme de Rome annonce que l'ambassade d'Autriche-Hongrie a fait publier une note dans laquelle elle explique que la déroute en Serbie est due à ce que, pendant plusieurs jours, l'armée austro-hongroise resta sans vivres et sans munitions. 10.000 soldats moururent de faim.

En Italie. — On annonce la formation, en Italie, de nouveaux régiments d'artillerie et d'infanterie; le nombre des régiments alpins sera également augmenté. La composition des 12 corps d'armée sera portée à 3 divisions chacun.

Documents historiques, récits et anecdotes

— UNE ATTAQUE SAVAMMENT PRÉPARÉE, MENÉE AVEC HÉROÏSME. — Les récents communiqués français ont, à maintes reprises, mentionné que l'artillerie française avait dominé celle de l'ennemi. En voici un exemple rapporté par l'envoyé spécial du *Daily Chronicle* en France :

« Un duel d'artillerie d'une violence plus qu'ordinaire fut le prélude d'un mouvement d'offensive, couronné d'un grand succès, des troupes françaises sur le front d'Arras. Il serait peut-être plus correct de dire que cette violence extraordinaire fut surtout manifeste de la part des canonniers français. Avec une habileté et une précision admirables ils firent pleuvoir sur les batteries allemandes une grêle si continue de projectiles qu'il n'y eut pas moins de 36 canons ennemis réduits au silence.

« La nouvelle avait circulé récemment qu'en raison de certains succès obtenus dans le voisinage, le moment était venu de prendre l'offensive. Aussitôt les batteries françaises commencèrent à bombarder les positions allemandes.

« Sous le couvert de leurs canons, les sapeurs et l'infanterie travaillèrent avec acharnement à pousser en avant leurs tranchées.

« A l'aube, les Allemands s'aperçurent que leurs adversaires s'étaient rapprochés d'une façon dangereuse pour eux et avaient un certain avantage au point de vue du terrain. Les mortiers de tranchées ennemis entrèrent aussitôt en action, cherchant à chasser les Français de leurs ouvrages avancés.

« Les shrapnells français tombèrent en grêle toujours plus épaisse sur les tranchées allemandes et la plupart éclatèrent avec une précision étonnante au-dessus des mortiers allemands, produisant des effets si meurtriers qu'au bout de deux heures les mortiers se turent.

« Dans le cours de la nuit précédente, le génie avait frayé un chemin à travers les enchevêtrements de fil barbelé pour préparer une attaque d'infanterie contre les tranchées allemandes. Ce n'est pas tout, on avait aussi placé des mines sur différents points. Les fils électriques étaient tout disposés : tout était prêt.

« Le grand moment arriva vers la tombée de la nuit quand des réserves toutes fraîches « pour le coup final » arrivèrent, brûlant d'en venir aux mains avec les « sales Boches » (en français dans le texte).

« Sur un front de plus de deux kilomètres, l'assaut fut donné à travers la boue des champs labourés. A 50·mètres des tranchées allemandes se trouvaient les mines soigneusement disposées par le génie au plus épais des défenses en fil barbelé. Il n'y avait qu'un bouton à presser pour en provoquer l'explosion. Quand l'infanterie française fut à 80 mètres des tranchées ennemies, le courant fut lancé, les mines firent explosion, ouvrant la route dans les défenses aux soldats français, qui s'y ruèrent en masse. L'un après l'autre, les Allemands furent chassés de leurs abris. Il y eut un combat homérique autour d'une des mitrailleuses. Un grand diable de cuirassier français s'ouvrit un chemin à coups de sabre au travers des Allemands qui essayaient d'emmener leur mitrailleuse. Il les abattit tous, puis debout au milieu des cadavres, tête nue, couvert de sang, il cria : « Vive la patrie ! » Ce cri électrisa ses camarades, une dernière ruée se produisit et les tranchées furent emportées.

« Le résultat de cette action brillante fut la prise d'un grand nombre de prisonniers, de plusieurs mortiers de tranchées, de mitrailleuses et de bagages, parmi lesquels un nécessaire de toilette aux armes du prince héritier de Bavière. »

Dépêches officielles

Premier Communiqué

Dans la journée du 20, rien d'important à signaler en Belgique, si ce n'est quelques progrès dans la région de

Lombaertzyde et Saint-Georges et, au sud-est du Cabaret-Korteker (sud-est de Bixschoote), l'occupation de quelques maisons de Zwartelem (sud de Zilledeke), et le bombardement, par l'ennemi, de l'hôpital d'Ypres.

De la Lys à l'Aisne, nous avons enlevé un bois près de la route d'Aix-Noulettes-Souchez, et occupons ainsi toute la première ligne de tranchées allemandes, entre cette route et les premières maisons de Notre-Dame-de-Lorette (sud-ouest de Loos).

L'ennemi a bombardé Arras.

Notre artillerie lourde a fait taire, à diverses reprises, l'artillerie ennemie; au nord de Carnoy (est d'Albert) elle a bouleversé les tranchées allemandes et culbuté deux pièces d'une batterie établie près de Hem (sud-est de Carnoy).

Elle a aussi pris nettement l'avantage sur l'Aisne et dans le secteur de Reims.

En Champagne, dans la région de Prosnes, de Perthes et de Beauséjour, ainsi qu'en Argonne, nous avons réalisé sur tout notre front des gains appréciables; en particulier au nord-est de Beauséjour, où nous avons conquis 1.200 mètres de tranchées ennemies. Dans le bois de la Grurie, nous avons fait exploser quatre sapes minées et nous sommes établis dans les excavations.

Entre l'Argonne et la Meuse, progrès sur tout le front, notamment dans la région de Varennes où le ruisseau de Cheppes a été dépassé de 500 mètres, et dans la région de Gercourt-Béthincourt.

Sur la rive droite de la Meuse, nous avons gagné du terrain sur la Croupe, à 2 kilomètres nord-ouest de Brabant, et dans le bois de Consenvoye.

Enfin, sur les Hauts-de-Meuse, légers progrès dans le bois des Chevaliers, au nord-est du fort de Troyon.

Deuxième Communiqué

Les troupes britanniques ont attaqué et, ce matin, elles avaient repris la plupart des tranchées perdues.

Devant Lihons, l'ennemi a prononcé quatre attaques successives pour reprendre les tranchées que nous avions précédemment conquises dans cette région. Elles ont toutes été repoussées.

Nous avons attaqué au nord-ouest de Puisaloire (sud de Noyon), pris pied dans les tranchées adverses de première ligne et progressé dans le bois de Saint-Mard.

Aucun autre renseignement important n'est encore parvenu sur les opérations de la journée.

---

22 DECEMBRE 1914

Les Chambres françaises se réunissent à Paris. — Violents combats et progrès des Français vers Souain et aux abords de Perthes-les-Hurlus. — Progrès sensibles au sud-est de Varennes, vers Boureilles et Vauquois. — Un avion allemand jette des bombes sur Béthune.

Situation des armées sur le front occidental

« De la mer à la Lys, dit le communiqué officiel d'aujourd'hui, il n'y a eu dans la journée du 21 que des combats d'artillerie. » C'est pour l'infanterie alliée une journée d'inaction qui a dû être favorablement accueillie après les grosses opérations des journées précédentes. L'escadre anglaise a pris part au duel d'artillerie et a bombardé à nouveau Zeebrugge à partir de deux heures du matin; les Allemands déclarent que les dégâts sont insignifiants, mais il paraît que plusieurs bâtiments ont été atteints et incendiés.

De la Lys à l'Aisne, les attaques allemandes ont été repoussées vers Carency et Mametz et nous avons progressé à Blangy.

Nous avons également progressé dans la région de Souain, à Perthes-les-Hurlus, dans le bois de la Grurie, aux abords de Vauquois, au nord du bois de Malaucourt. Une vigoureuse contre-attaque des Allemands nous avait fait perdre, dans le bois de Consenvoye, le terrain conquis le 20 décembre, mais nous l'avons réoccupé après un vif combat.

La poussée se continue donc sur tout le front et nous ne pouvons que nous réjouir des progrès journaliers qui nous sont signalés et qui, dans leur ensemble, représentent de réelles victoires.

Les journaux nous font connaître quelques opérations dont les communiqués officiels ne parlent pas, mais qui sont tout à l'avantage des troupes alliées; ainsi, dans la nuit du 17 au 18 décembre, les troupes françaises se sont emparées, dans les environs de Westende, dans les dunes, de nombreux prisonniers allemands et de 11 mitrailleuses. Ce brillant fait d'armes méritait pourtant d'être signalé.

F. B.

Nouvelles diverses publiées par les journaux

— Les Chambres françaises se sont réunies aujourd'hui au Palais-Bourbon; la séance s'est ouverte à 2 heures, sous la présidence de M. Deschanel. M. Viviani a lu la déclaration ministérielle, dont le texte a été donné d'autre part. Cette déclaration a été accueillie par des applaudissements unanimes et une ovation grandiose. La même manifestation

s'est produite au Sénat, à la lecture de la déclaration ministérielle par M. Briand.

— Les aviateurs alliés ont effectué ces jours derniers des
raids au-dessus des positions allemandes de Belgique. Sur
les hangars à zeppelins de Bruxelles, douze bombes ont été
jetées. Des aviateurs de la marine ont jeté trois bombes
au-dessus des positions allemandes à Ostende. Ce dernier
raid s'est effectué la nuit.

— Un avion allemand a jeté, le 19 décembre, plusieurs
bombes sur Béthune; elles n'ont causé aucun dégât. Il a été
abattu par les Anglais près de Vieux-Berquin. La veille, un
aéroplane allemand avait été descendu près de Dixmude.

— Un télégramme d'Amsterdam annonce que le Kaiser
a quitté Berlin pour se rendre sur le front occidental, mais
il paraissait très souffrant.

En Russie. — La bataille fait rage dans la Pologne cen-
trale. Les Allemands avaient concentré environ 200.000
hommes sur le front compris entre Ilow et Lowiez avec
l'intention d'écraser les Russes; leurs efforts ont échoué.
L'armée russe s'est prudemment retirée sur des positions où
elle domine la plaine où l'ennemi est obligé de se déployer.

L'armée russe du Caucase a remporté une victoire en
Arménie, dans la direction de Van, le 20 décembre; les
Turcs ont eu un grand nombre de tués et de blessés; ils
ont perdu une pièce de montagne et 500 projectiles.

— M. Visotzky, aide de camp du tsar, accompagné du
capitaine russe Meyxr, est arrivé à Bucharest, chargé d'une
mission spéciale à laquelle on attache une très grande
importance.

— Un télégramme de Londres fait connaître un incident
gréco-turc qui n'est pas sans importance. Un quartier-
maître d'origine française, attaché à la légation de Grèce
à Constantinople, vient d'être condamné à mort, pour
espionnage, par les tribunaux turcs. Le ministre de Grèce
a protesté contre cette condamnation et il demande que cet
homme soit remis à la légation de Grèce.

En Italie. — Dans les milieux officiels, on déclare que la Turquie n'a pas donné de réponse à l'Italie au sujet de l'incident d'Hodeïdah; cette affaire ne serait donc pas réglée. En outre, l'ambassadeur d'Italie à Constantinople ayant appris que 4.000 Arabes, commandés par des officiers turcs et allemands, ont été dirigés sur la Tripolitaine, le gouvernement italien a menacé la Turquie de rompre les relations diplomatiques si, dans un certain délai, une réponse satisfaisante n'était pas fournie. Cette sommation revêt presque la forme d'un ultimatum.

Documents historiques, récits et anecdotes

— Séance mémorable du 22 décembre 1914. — La Déclaration du Gouvernement. — Voici la déclaration du Gouvernement lue à la Chambre par le président du Conseil, M. Viviani, et au Sénat, par M. Briand, garde des sceaux :

Messieurs,

Cette communication n'est pas la déclaration coutumière dans laquelle un gouvernement qui se présente pour la première fois devant le Parlement précise sa politique. Il n'y a pour l'heure qu'une politique, le combat sans merci jusqu'à la libération définitive de l'Europe gagnée par une paix pleinement victorieuse.

C'est le cri qui s'est échappé de toutes les poitrines lorsque, dans la séance du 4 août, s'est levée, comme l'a si bien dit M. le Président de la République, l'union sacrée qui, à travers l'histoire, sera l'honneur du pays.

C'est le cri que répètent tous les Français après avoir fait disparaître le désaccord où se sont trop souvent acharnés nos esprits, et qu'un ennemi aveugle avait pris pour des divisions irrémédiables.

C'est le cri qui s'élève des tranchées glorieuses où la France a jeté toute sa jeunesse et toute sa virilité.

L'Allemagne est seule responsable. — Devant ce surgissement inattendu pour elle du sentiment national, l'Allemagne a été troublée dans l'ivresse de son rêve de victoire.

Au premier jour du conflit, elle niait le droit, elle appelait la force, elle méprisait l'histoire, et pour violer la neutralité de la Belgique et envahir la France, elle invoquait l'unique loi de l'intérêt.

Depuis, son gouvernement a compris qu'il lui fallait compter avec l'opinion du monde, et il a récemment tenté une réhabilitation de son attitude en essayant de rejeter sur les alliés la responsabilité de la guerre.

Mais au-dessus de tous les pesants mensonges qui n'abusent même plus les crédulités complaisantes, la vérité est apparue.

Tous les documents publiés par les nations intéressées, et hier encore, à Rome, le sensationnel discours d'un des plus illustres représentants de la noble Italie, témoignent de la volonté, depuis longtemps arrêtée par nos ennemis, de tenter un coup de force. Si besoin était, un seul de ces documents suffirait à éclairer le monde. Lorsque, à la suggestion du gouvernement anglais, toutes les nations en présence furent sollicitées de suspendre leurs préparatifs militaires et d'instituer une négociation à Londres, le 31 juillet 1914, la France et la Russie adhérèrent à ce projet. La paix était sauvée, même à cette heure suprême, si l'Allemagne avait suivi cette initiative; or, l'Allemagne brusquait la situation, déclarait le 1er août la guerre à la Russie, et rendait l'appel aux armes inéluctable.

Et si l'Allemagne diplomatiquement brisait la paix dans son germe, c'est parce que depuis plus de quarante ans elle poursuivait inlassablement son but qui était l'écrasement de la France pour arriver à l'asservissement du monde.

Jusqu'au bout. — Toutes les révélations sont apportées à ce tribunal de l'histoire, où il n'y a pas de place pour la corruption; et puisque, malgré leur attachement à la paix, la France et ses alliés ont dû subir la guerre, ils la feront jusqu'au bout.

Fidèle à la signature qu'elle a attachée au traité du 4 septembre dernier où elle a engagé son honneur, c'est-à-dire sa vie, la France, d'accord avec ses alliés, n'abaissera ses armes qu'après avoir vengé le droit outragé, soudé pour toujours à la patrie française les provinces qui lui furent ravies par la force, restauré l'héroïque Belgique dans la plénitude de sa vie matérielle et de son indépendance politique, brisé le militarisme prussien, afin de pouvoir reconstruire sur la justice une Europe enfin régénérée.

Le succès est certain. — Ce plan de guerre et ce plan de paix ne nous sont pas inspirés, Messieurs, par quelque présomptueuse espérance; nous avons la certitude du succès.

Nous devons cette certitude à notre armée entière, à notre marine, qui, jointe à la marine anglaise, nous procure la maîtrise des mers; aux troupes qui ont repoussé au Maroc des agressions sans lendemain; nous la devons aux soldats qui défendent notre pavillon lointain dans les colonies françaises qui, dès le premier jour, se sont retournées d'un tendre élan vers la mère-patrie; nous la devons à notre armée, dont l'héroïsme fut guidé par des chefs incomparables à travers la victoire de la Marne, la victoire des Flandres, dans maints combats; à la nation, qui a su faire correspondre à cet héroïsme l'union, le silence, la sérénité dans les heures critiques.

Salut aux héros ! — Ainsi, nous avons pu montrer au monde qu'une démocratie organisée peut servir par une action vigoureuse l'idéal de liberté et d'égalité qui fait sa grandeur.

Ainsi, nous avons pu montrer au monde, comme le disait le général en chef, qui est à la fois un grand soldat et un noble citoyen, « que la République peut être fière de l'armée qu'elle a préparée ».

Ainsi ont pu apparaître dans cette guerre impie toutes les vertus de notre race, et celles qu'on nous accordait : l'initiative, l'élan, la bravoure, la témérité, et celles qu'on nous déniait : l'endurance, la patience, le stoïcisme.

Saluons, Messieurs, tous ces héros.

Gloire à ceux qui sont tombés dans le sillon avant la victoire et à ceux qui par elle les vengeront demain !

Une nation qui suscite de tels enthousiasmes est impérissable.

L'œuvre du Gouvernement. — A l'abri de cet héroïsme, la nation a vécu, travaillé, acceptant toutes les conséquences de la guerre, et la paix civile n'a jamais été troublée.

Avant de quitter Paris, à la demande expresse de l'autorité militaire, à l'heure et dans les conditions fixées par elle et après avoir organisé, d'accord avec le général en chef des armées, la défense de la capitale, le Gouvernement avait commencé à prendre toutes les mesures nécessaires à l'existence de la nation.

Il a usé du droit que lui avait remis le Parlement de régler toutes les matières.

Dans cette œuvre complexe et délicate à la fois, ample et minutieuse, dont d'ailleurs partie est soumise à votre ratification, il a, en gardant la mesure, pu assurer le fonctionnement des services publics, suscité partout l'initiative collective et individuelle, noué des relations économiques en vue du ravitaillement entre les différentes régions, surveillé et aidé l'effort continu pour arriver à l'égalité des charges militaires. Il ne fut certes pas exempt d'erreurs, et il a profité quelquefois des suggestions et des critiques qui lui sont advenues, comme il convient dans une démocratie où chaque citoyen, et le plus humble, est le collaborateur des pouvoirs publics.

Les finances permettent au pays de mener la lutte. — Par l'organe de M. le Ministre des finances qui en a fait un exposé magistral, la situation financière vous a été révélée. Les ressources qui nous sont venues de l'émission des bons du Trésor et des avances de la Banque de France nous ont permis de supporter les dépenses imposées par la guerre, et nous n'avons pas eu besoin de recourir à un emprunt. La Banque de France est en état, grâce à son excellente situation, de fournir des ressources au Trésor et d'aider à la reprise de la vie économique. Tout témoigne de la vitalité de la France, de la sûreté de son crédit, de la confiance qu'elle inspire à tous malgré une guerre qui ébranle et appauvrit le monde : le billet de banque qui fait prime partout, l'escompte des billets de commerce qui s'accroît chaque jour, le relèvement du produit des impôts indirects. Tout cela est la manifestation de la force économique d'un pays qui s'est adapté avec aisance aux difficultés nées d'un trouble profond et qui affirme ainsi devant tous que l'état de ses finances lui permet de continuer la guerre jusqu'au jour où les réparations nécessaires seront obtenues.

Pour les victimes de l'invasion. — Messieurs, il ne nous aura pas suffi de saluer les victimes tombées sur les champs de bataille. Nous devons nous découvrir aussi devant les victime civiles, victimes innocentes que jusqu'ici les lois de la guerre avaient protégées et que, pour essayer de terrifier une nation qui est restée et restera inébranlable, l'ennemi a capturées ou massacrées. Vis-à-vis de leurs familles, et c'était chose aisée, le Gouvernement a fait son devoir. Mais la dette du pays n'est pas éteinte.

Sous la poussée de l'invasion, des départements ont été occupés et des ruines y sont accumulées. Le Gouvernement prend devant vous un engagement solennel, et qu'il a déjà en partie exécuté, en vous proposant une ouverture de crédit de 300 millions.

La France redressera ces ruines en escomptant, certes, le produit de l'indemnité que nous exigerons, et, en attendant, à l'aide d'une contribution, la nation entière paiera, fière, dans la détresse d'une partie de ses enfants, de remplir le devoir de la solidarité nationale.

Ainsi, répudiant la forme du secours qui indique la faveur, l'Etat proclame lui-même le droit à la réparation au profit de ceux qui ont été victimes dans leurs biens des faits de guerre et il remplira son devoir dans les limites les plus larges que permettront les capacités financières du pays et dans les conditions qu'une loi spéciale déterminera pour éviter toute injustice et tout arbitraire.

Il faut maintenir l'union sacrée au dedans. — Messieurs, le jour de la victoire définitive n'est pas encore venu.

La tâche, jusque-là, sera rude.

Elle peut être longue.

Préparons-y nos volontés et nos courages. Héritier du plus formidable fardeau de gloire qu'un peuple puisse porter, ce pays souscrit d'avance à tous les sacrifices. Nos alliés le savent, les nations désintéressées dans le conflit le savent.

Et c'est en vain qu'une campagne effrénée de fausses nouvelles a essayé de surprendre en elles une sympathie qui nous est acquise.

Si l'Allemagne, au début, a feint d'en douter, elle n'en doute plus.

Qu'elle constate une fois de plus qu'en ce jour le Parlement français, après plus de quatre mois de guerre, a renouvelé devant le monde le spectacle qu'il a offert le jour où, au nom de la nation, il a relevé le défi.

Le Parlement a toute autorité pour accomplir à nouveau cette œuvre.

Il est, depuis quarante-quatre ans, à la fois l'expression et la garantie de nos libertés. Il sait que le Gouvernement accepte avec déférence son contrôle nécessaire, que sa confiance lui est indispensable, et que, demain comme hier, sa souveraineté sera obéie.

C'est cette souveraineté même qui accroît la puissance de la démonstration dont il a déjà donné l'exemple.

Pour vaincre, il ne suffit pas de l'héroïsme à la frontière; il faut l'union au dedans. Continuons à préserver de toute atteinte cette union sacrée.

Aujourd'hui, comme hier, comme demain, n'ayons qu'un cri : la victoire; qu'une vision : la Patrie; qu'un idéal : le droit ! c'est pour lui que nous luttons, que luttent encore la Belgique, qui a donné à cet idéal tout le sang de ses veines; l'inébranlable Angleterre, la Russie fidèle, l'intrépide Serbie, l'héroïque Monténégro, l'audacieuse marine japonaise.

Contre la barbarie et le despotisme. — Si cette guerre est la plus gigantesque que l'histoire ait enregistrée, ce n'est pas parce que des peuples se heurtent pour conquérir des territoires, des débouchés, un agrandissement de la vie matérielle, des avantages politiques et économiques : c'est parce qu'ils se heurtent pour régler le sort du monde.

Rien de plus grand n'est jamais apparu aux regards des hommes. Contre la barbarie et le despotisme; contre le système de provocations et de menaces méthodiques que l'Allemagne appelait la paix; contre le système de meurtres et de pillages collectifs que l'Allemagne appelle la guerre; contre l'hégémonie insolente d'une caste militaire qui a déchaîné le fléau avec ses alliés, la France émancipatrice et vengeresse, d'un seul élan, s'est dressée !

Voilà l'enjeu.

Il dépasse notre vie. Continuons donc à n'avoir qu'une seule âme, et demain, dans la paix de la victoire, restitués à la liberté aujourd'hui volontairement enchaînée de nos opinions, nous nous rappellerons avec fierté ces jours tragiques, car ils nous auront fait plus vaillants et meilleurs.

Dépêches officielles

Premier Communiqué

Entre la mer et la Lys il n'y a eu, dans la journée du 21, que des combats d'artillerie.

De la Lys à l'Aisne, nous avons refoulé une attaque allemande qui cherchait à déboucher à Carency, et pris quelques maisons à Blangy.

Une attaque ennemie sur Mametz et les tranchées voisines n'a pas permis à nos troupes de progresser sensiblement de ce côté.

Dans la région de Lihons, trois attaques ennemies ont été repoussées.

Léger gain à l'est et à l'ouest de Tracy-le-Val; notre artillerie a tiré efficacement sur le plateau de Nouvron.

Dans les secteurs de l'Aisne et de Reims, combats d'artillerie.

En Champagne et en Argonne : Autour de Souain, violents combats à la baïonnette; nous n'avons pas progressé de façon sensible dans cette région.

Nous avons enlevé, aux abords de Perthes-les-Hurlus, trois ouvrages allemands représentant un front de tranchées de 1.500 mètres.

Au nord-est de Beauséjour, nous avons consolidé les positions conquises le 20 et occupé toutes les tranchées qui bordent la crête du Calvaire.

Dans le bois de la Grurie, notre progression continue; à Saint-Hubert, nous avons repoussé une attaque; dans le bois Bolante, où quelque terrain avait été perdu, nous en avons repris les deux tiers.

Entre Argonne et Meuse, légers progrès aux abords de Vauquois; au nord du bois de Malaucourt, nos troupes ont réussi à franchir un réseau de fils de fer et à s'emparer des tranchées ennemies, où elles se sont maintenues.

Sur la rive droite de la Meuse, dans le bois de Consenvoye, nous avons perdu, puis reconquis, après un vif combat, le terrain gagné par nous le 20.

Des Hauts-de-Meuse aux Vosges, rien à signaler.

Deuxième Communiqué

Au nord-ouest de Puisaleine (sud de Noyon), l'ennemi a exécuté hier soir de violentes contre-attaques qui ont toutes été repoussées.

Au sud de Varennes, nous avons pris pied hier soir dans Boureuilles. Nos attaques ont continué aujourd'hui. Elles paraissent nous avoir fait progresser dans Boureuilles et à l'ouest de Vauquois.

Rien n'est encore signalé du reste du front.

---

23 DECEMBRE 1914

Nouveaux progrès des alliés dans les dunes, vers Westende. — Violents combats et avance des français vers Perthes-les-Hurlus.

Situation des armées sur le front occidental

Les opérations d'hier sur l'ensemble du front se résument par une progression appréciable des alliés sur plusieurs points et sur d'autres points par des tentatives infructueuses des Allemands pour reprendre le terrain conquis.

En Belgique, la lutte a recommencé hier avec plus d'intensité que la veille et nos progrès sont signalés entre la mer et la route de Nieuport à Westende et dans la région de Bixschoote; ces progrès paraissent inquiéter les Allemands et on annonce qu'ils reçoivent de nouveaux renforts qui sont répartis sur le littoral de la Belgique. Les alliés livrent des combats furieux et leurs attaques sont irrésistibles; les Allemands, de leur côté, luttent et défendent le terrain pied à pied, mais leurs troupes ne sont pas aussi bonnes qu'au début de la campagne, le moral s'est affaibli.

Il est une autre partie du front où notre offensive se fait également sentir, c'est dans la région située entre Reims et l'Argonne, notamment vers Souain et Perthes-les-Hurlus; nous avons gagné là environ 800 mètres et capturé une section de mitrailleuses.

Nous avançons également en Argonne; le bois de la Grurie ne cesse pas d'être le théâtre de nos exploits; dans la journée du 22 décembre, nous avons fait sauter deux lignes de tranchées allemandes et occupé les excavations, d'où une avance en profondeur de 250 mètres sur un front de 400 mètres environ.

Plus à l'est, vers Montfaucon, les combats ont été très acharnés, le terrain conquis la veille autour de Boureuilles a été réoccupé en partie par les Allemands, puis nous nous sommes avancés à nouveau jusqu'à l'est de Cuisy.

Somme toute, nous avons gagné du terrain un peu partout et la journée d'hier peut compter parmi les meilleures.

F. B.

Nouvelles diverses publiées par les journaux

— Le 18 décembre, deux soldats du train et un habitant de Magnéville (Meuse) ont découvert dans un bois, au lieu dit « les Elus », un drapeau allemand, celui du 87e Royal-Wurtemberg; ce trophée a été remis au capitaine commandant la localité, qui l'a fait transporter à Bar-le-Duc.

— Il résulte des renseignements recueillis que le gouverneur allemand de Lille est un officier du nom de Von Koppel; il exploitait avant la guerre une petite industrie à Fives-les-Lille.

— Un avion allemand a survolé Nancy; il a laissé tomber deux bombes, dont l'une sur la gare Saint-Georges. Un autre avion a survolé Lunéville; il a jeté deux bombes, l'une près de la gare, l'autre sur une maison de la place des Carmes, qui avait déjà été incendiée par les Allemands. A Nancy comme à Lunéville, les dégâts sont insignifiants.

— Les journaux anglais estiment que depuis le début de la guerre l'Allemagne a perdu 7 zeppelins et 52 aéroplanes; elle ne possède plus que 26 dirigeables et 287 aéroplanes.

— Suivant une dépêche de Berne, l'Allemagne a donné son adhésion à un échange de prisonniers grièvement blessés, entre les belligérants.

En Russie. — Les armées russes, après s'être repliées en bon ordre sur des positions suffisamment fortes, ont terminé leur concentration; elles ont reçu des renforts importants et paraissent disposées à résister sur certains points et sur d'autres à reprendre l'offensive; nous allons donc assister bientôt à une nouvelle et importante bataille; il y a tout lieu d'espérer qu'elle sera favorable à nos alliés. Les Allemands fortifient Dresde, qui se trouve à 350 kilomètres de la frontière russe.

— Un torpilleur russe a canonné, dans la région de Hoha, les villages du littoral de la mer Noire qui étaient occupés par des troupes turques et coulé quatre chalands chargés de marchandises.

— A Constantinople, le parti Talaat-bey, qui n'est pas favorable à la guerre, fait preuve d'une grande activité; des troubles seraient susceptibles de se produire pendant l'absence d'Enver pacha et du général allemand Liman von Sanders; la situation paraît périlleuse pour les Allemands.

— Une dépêche d'Athènes dit qu'un sous-marin français est entré dans les Dardanelles la semaine dernière, mais qu'il n'a pu torpiller aucun des navires turcs; il est parvenu à sortir du détroit sans accident. La flotte française aurait bombardé le fort de Kiled-Baka, considéré comme la clé des Dardanelles.

Documents historiques, récits et anecdotes

— La vie misérable des prisonniers français au camp de Minden. — Le caporal Dumaine, du 8ᵉ colonial, fait prisonnier le 5 septembre, près de Châlons-sur-Marne, et interné en Allemagne, au camp de Minden, vient de rentrer en France avec un convoi de médecins et infirmiers militaires. De retour à Toulon, il a raconté ce que fut sa vie et celle des autres prisonniers militaires pendant ses deux mois de détention.

« On rompait depuis la frontière belge, a-t-il dit, car c'était l'ordre, et nous étions éreintés par ce recul continuel. En compagnie d'un sergent-fourrier, j'étais resté en arrière, comptant retrouver notre régiment à Châlons. Nous avancions lentement. Bientôt, des patrouilles allemandes nous rejoignirent. Quand l'une d'elles paraissait, on s'arrêtait, on faisait le coup de feu, puis, après l'avoir mise en fuite, on se remettait en route. Pourtant, il en survint une si nombreuse, que nous ne pûmes résister. Il fallut se rendre. Les Boches nous firent jeter nos sacs, nos fusils et nos baïonnettes, qui furent brisés. Nos gardiens nous entraînèrent dans l'église d'un petit village où se trouvaient déjà une vingtaine de prisonniers, des traînards isolés et des blessés. Le lendemain, on nous dirigea sur Cempuis, où nous fûmes de nouveau parqués dans une église, et, de là, sur Vouziers, où nous passâmes cinq ou six jours dans le manège du 3e cuirassiers. Nous y trouvâmes d'autres prisonniers, et les Allemands nous autorisèrent à faire la soupe avec ce que nous pourrions ramasser; mais ils ne nous donnèrent pas de pain.

« Nous arrivâmes à Sedan peu après, et l'on nous embarqua pour l'Allemagne. Le voyage en chemin de fer fut des plus pénibles; nous manquions de tout. Pourtant, à Cologne, des dames de la Croix-Rouge nous distribuèrent du pain. Il y avait exactement neuf jours que nous n'en avions pas mangé !

« Le 15 septembre, nous arrivions à Minden, petite ville de la Westphalie, où nous fûmes parqués dans une vaste enceinte constituée par un marécage en partie desséché entouré de haies en fil de fer barbelé.

« Nous étions arrivés 150; nous trouvâmes à Minden tous

les soldats faits prisonniers à Maubeuge et les civils de la
région d'Amiens. Il y avait aussi des Russes et des Anglais.
Nous étions environ 13.000 en tout. On nous informa que
nous resterions là jusqu'à ce qu'on ait construit les baraquements qui nous étaient destinés.

« Je dois vous dire tout de suite que les baraquements
ne furent commencés qu'un mois plus tard et qu'à mon
départ, le 24 novembre, ils étaient loin d'être achevés.

« Dans ce camp notre situation était pénible. Nous souf-
frions du froid et de la faim. Nous construisîmes des
cahutes avec de la terre et seuls, ceux qui avaient conservé
leur sac (ceux de Maubeuge), purent, en attendant leurs
couvertures, se mettre à l'abri du froid. Défense nous était
faite d'employer des planches sous peine d'être fusillés.
Nous n'avions pas d'eau et ceux qui voulaient se débar-
bouiller devaient se résoudre à le faire dans des mares
infectes. Cela dura un mois. A mon départ pourtant on
venait d'installer des auges et des fontaines. La nourriture
était mauvaise, le matin, deux quarts d'une sorte de café
fabriqué avec des glands, des fèves et des pois chiches
torréfiés; à midi, rata d'orge avec un morceau de lard; le
soir, même boisson que le matin.

« Nous recevions en outre, tous les trois jours, une sorte
de boule de pain pesant environ 1.200 grammes et confec-
tionnée avec du son et de la pomme de terre. C'était noir
et aigre ! On nous laissa quelquefois nous approvisionner
à des cantines volantes, et les privations endurées étaient
telles que l'on se précipitait comme à l'assaut. Ce fut l'oc-
casion de violentes bousculades qui permirent aux soldats
allemands qui nous gardaient d'exercer leur brutalité. Ils
nous frappaient à coups de crosse et j'en ai vu un faire
littéralement sauter l'œil d'un prisonnier avec sa baïonnette.

« Un autre de nos camarades qui s'était glissé hors de sa
cahute, la nuit, pour ramasser une pomme de terre, reçut
un coup de feu d'une sentinelle.

« Pendant notre séjour à Minden, nous ne reçûmes qu'une visite, celle du consul des Etats-Unis, qui vint nous voir du haut d'un monticule situé hors du camp.

« Enfin on nous annonça un jour qu'il allait y avoir un échange de médecins et d'infirmiers prisonniers. Je me présentai comme caporal infirmier, ayant rempli ces fonctions à la caserne avant la guerre. Quelques jours après, on nous faisait accompagner à la frontière suisse. D'autres infirmiers nous rejoignirent en route. Détenus dans une forteresse, ils avaient peut-être moins souffert que nous, mais la discipline y était encore plus rigoureuse. C'est ainsi qu'un prisonnier, surpris fumant, était attaché à un poteau pendant deux heures. »

Dépêches officielles

Premier Communiqué

En Belgique, nous avons hier légèrement progressé entre la mer et la route de Nieuport à Westende ainsi que dans la région Steenstraete-Bixschoote, où nous avons enlevé un bois, des maisons et une redoute.

A l'est de Béthune, nous avons repris, en collaboration avec l'armée britannique, le village de Givenchy-les-La-Bassée qui avait été perdu.

Dans la région d'Arras, un épais brouillard a ralenti l'activité de l'ennemi et la nôtre.

A l'est d'Amiens, sur l'Aisne et en Champagne, combats d'artillerie.

Dans la région de Perthes-les-Hurlus, nous avons enlevé, après une vive canonnade et deux assauts, le dernier tronçon de la ligne partiellement conquise le 21; gain moyen 800 mètres. Dans la dernière tranchée prise, nous avons capturé une section de mitrailleuses (personnel et matériel). Une violente contre-attaque a été repoussée.

Nous avons également progressé au nord-est de Beauséjour, où l'ennemi a de nouveau contre-attaqué sans succès.

Sensible avance de nos troupes dans le bois de la Grurie, sur un front de tranchées de 400 mètres et une profondeur allant jusqu'à 250 mètres.

Nous avons fait sauter à la mine deux lignes allemandes et occupé les excavations.

Les combats se poursuivent autour de Boureuilles; les résultats assez sérieux acquis hier matin paraissent n'avoir pu être entièrement maintenus.

Aucun incident des Hauts-de-Meuse à la Haute-Alsace.

Russie. — En Prusse orientale, les Allemands ont été repoussés sur la ligne Neidenburg-Soldau-Lautenberg.

En Pologne, les Allemands ont pu prendre pied sur la Bzoura inférieure, au nord de Sochaczew. Plus au sud, ils ont atteint la rivière Rawka à Bolinow et ont dépassé Skierniewive vers l'Est.

Des forces austro-allemandes descendent en Pologne sur un front qui va du sud-est de Pietrokow à l'ouest de la Nidda. En Galicie, elles ont atteint la Dunajec et occupent la ligne Grybow-Smigrod-Sanok.

La tentative de sortie de la garnison de Przemysl a complètement échoué.

Deuxième Communiqué

Les progrès réalisés par nos attaques entre la Meuse et l'Argonne ont été presque entièrement maintenus. Aux dernières nouvelles, notre front dans cette région atteignait les réseaux de fils de fer de l'ennemi au saillant sud-ouest du bois de Forges (est de Cuisy) et bordait le chemin au bois de Boureuilles.

Aucun autre incident notable à signaler.

24 DECEMBRE 1914

Les Chambres françaises se séparent après avoir voté les crédits de guerre. — L'armée belge progresse sur la rive droite de l'Yser. — Une offensive allemande du coté de Ville-sur-Tourbe est repoussée. — Un avion allemand jette des bombes sur Douvres. — Un sous-marin autrichien lance deux torpilles contre un cuirassé français, celui-ci n'est que légèrement atteint.

Situation des armées sur le front occidental

Les communiqués officiels d'aujourd'hui nous donnent l'impression d'une offensive générale des armées alliées sur la totalité du front. Cette offensive nous a valu des progrès encore plus sensibles que ceux indiqués pour la journée du 22 décembre. Partout, nous avons progressé ou maintenu nos positions.

Sur la côte de la mer du Nord, avance dans les dunes et résistance énergique à une attaque allemande devant Lombaertzyde.

Au sud-est d'Ypres, progrès au-delà du village de Zwartelen, malgré une contre-attaque allemande soutenue par l'artillerie.

En Argonne, nous avons encore gagné du terrain dans le bois de la Grurie.

Au nord-est de Saint-Dié, nous nous sommes avancés un peu et nous avons consolidé nos nouvelles positions.

Sur les divers autres points du front, nous avons maintenu nos positions et résisté aux attaques ennemies, notamment dans l'Aisne et en Champagne, où les Allemands ont tenté de reprendre les positions qu'ils avaient perdues les jours précédents.

Dans le Pas-de-Calais, le recul des Allemands s'accentue; on estime que les nouvelles positions allemandes sont maintenant à 16 kilomètres de Béthune.

En Alsace, si les nouvelles qui parviennent de Genève sont exactes, le 15e corps allemand, commandé par le général Deimling, serait concentré à Mulhouse; il aurait pour mission de chasser les Français de l'Alsace. Des mesures ont été prises pour parer à cette éventualité.

En attendant, la pression des armées alliées s'accentue partout et les Allemands en sont réduits à la défensive.

F. B.

Nouvelles diverses publiées par les journaux

— Des avions allemands sont venus survoler Hazebrouck le 20 décembre, vers 11 heures et demie; ils se sont enfuis sous le feu des canons anglais.

— Le même jour, 20 décembre, un avion allemand qui se dirigeait sur Paris a été poursuivi et descendu par des avions français, près de Pontoise.

— La *Gazette de Francfort* reconnaît que des avions français ont survolé Sarrebourg et jeté des bombes sur le parc aérostatique de Rieuturg. Il se confirme également que de grands fours à fusion des établissements d'Essen ont été détruits, il y a quelques jours, par nos aéroplanes.

— On annonce la mort de l'aviateur belge Descamps, qui a été victime d'un atterrissage par trop brusque; le choc fit exploser une bombe qui détruisit l'appareil et tua l'aviateur.

— Le ministère de la marine fait connaître qu'un sous-marin autrichien a lancé deux torpilles contre un cuirassé français qui participait au blocus de Cattaro; l'une des torpilles a atteint le cuirassé à l'avant. Les avaries du bâtiment se bornent à des dégâts matériels peu importants.

— Le bruit a circulé, hier, à Rome, que l'empereur d'Autriche avait reçu les derniers sacrements et que Guillaume II aurait quitté Berlin, non pour se rendre sur le front, mais bien pour aller à Vienne. Il y a lieu d'accréditer ce bruit sous toutes réserves.

— Les Chambres françaises se sont séparées hier après avoir voté les crédits demandés par le Gouvernement, et qui s'élèvent à 8 milliards 805 millions, ainsi que différentes lois urgentes.

— On télégraphie de la Nouvelle-Orléans (Etats-Unis) que quatre Allemands viennent d'être arrêtés; ils sont accusés d'avoir placé une bombe à bord d'un vapeur français partant pour New-York.

En Russie. — Des forces considérables sont engagées dans la lutte devant Varsovie, qui est d'une importance vitale pour les deux parties. Le grand-duc Nicolas a été obligé d'abandonner temporairement Cracovie et de rassembler ses armées sur une ligne plus en arrière. Il se confirme que les Russes ont remporté de brillants succès sur la Bzoura et dans les Carpathes; les Austro-Allemands ont complètement échoué dans leur attaque contre l'aile gauche russe.

En Turquie. — Des difficultés s'élèvent chaque jour à Constantinople entre Turcs et Allemands. Un détachement naval anglais a débarqué des troupes à Alexandrette (Syrie) et fait sauter un ouvrage d'art du chemin de fer de Bagdad.

En Italie. — M. Salandra, président du conseil italien, a donné des ordres rigoureux pour que des poursuites soient engagées contre toute personne divulguant ou publiant des informations concernant les préparatifs militaires. En outre, le gouvernement réprime énergiquement toute atteinte à la neutralité; des condamnations sont prononcées contre les expéditeurs de contrebande de guerre.

Documents historiques, récits et anecdotes

— LILLE SOUS LA BOTTE. — Une personne qui a quitté récemment Lille a donné des renseignements sur cette ville et sur Roubaix-Tourcoing.

Ces trois villes sont administrées actuellement par des gouverneurs allemands.

Le gouverneur de Lille est un officier du nom de Koppel qui, avant la guerre, exploitait une petite industrie à Fives-les-Lille; Roubaix et Tourcoing sont gouvernées respectivement par des officiers du nom de Otto et de Nurnberg.

D'autre part, un habitant de Lille qui a pu gagner Ypres par Bruxelles déclare que 998 maisons ont été détruites par le bombardement.

Un négociant de Roubaix, qui a dû quitter cette ville à la date du 14 décembre, rapporte que dès les premiers jours du mois, M. Trépont, préfet du Nord, continuait à occuper la préfecture de Lille, avec MM. Barromée, secrétaire général; Gimet et Regnier, conseillers de préfecture; Cauwès, sous-préfet de Valenciennes; Alliez, sous-préfet de Cambrai, et Anjubault, sous-préfet d'Avesnes.

M. Trépont a été désigné par l'ennemi comme otage, ainsi que l'évêque et MM. Delesalle, maire de Lille; Ghesquière et Delory députés; Brakers d'Hugo, adjoint; Aignen, conseiller municipal.

M. Trépont est contraint à se présenter deux fois par jour au siège de la commandature allemande.

La population de Lille fait preuve du plus grand calme et d'un grand courage.

Les mines de charbon du Nord ne sont pas exploitées par les Allemands. Jusqu'ici, la population dans cette région a pu vivre à peu près normalement. Cependant, la farine commence à se faire rare; elle est vendue à un prix fort élevé par l'autorité allemande, et l'on prévoit le moment où il deviendra impossible de s'en procurer. — (Du *Petit Parisien.*)

Dépêches officielles

Premier Communiqué

De la mer à la Lys, nous avons progressé à la sape dans les dunes et repoussé une attaque devant Lombaertzyde.

A Zwartelen (sud-est d'Ypres), nous avons enlevé un groupe de maisons et refoulé, jusqu'à la partie sud du village, malgré un feu très vif de l'artillerie allemande, une contre-attaque ennemie.

L'armée belge a poussé des détachements sur la rive droite de l'Yser, au sud de Dixmude, et organisé une tête de pont.

Dans la région d'Arras, le brouillard a continué à rendre toute opération impossible.

A l'est et au sud-est d'Amiens, notamment aux abords de Lassigny, combats d'artillerie.

Dans la région de l'Aisne, les zouaves, pendant toute la journée, ont brillamment repoussé plusieurs attaques et sont demeurés maîtres, près du chemin de Puisaleine, des tranchées allemandes enlevées le 21.

En Champagne, nous avons consolidé quelques progrès de la veille dans la région de Craonne et de Reims.

Près de Perthes, toutes les contre-attaques de l'ennemi sur les positions conquises par nous le 22 ont été repoussées; au nord-ouest de Mesnil-les-Hurlus, nous avons enlevé 400 mètres de tranchées allemandes et repoussé une contre-attaque.

Les Allemands ont tenté de prendre l'offensive du côté de Ville-sur-Tourbe. Notre artillerie les a dispersés.

En Argonne, nous avons gagné un peu de terrain dans le bois de la Grurie et repoussé une attaque allemande vers Bagatelle.

Dans la région de Verdun, aucune opération importante à cause de la brume. L'ennemi a contre-attaqué sans succès dans le bois de Consenvoye.

Dans la forêt d'Apremont, notre artillerie a bouleversé et fait évacuer plusieurs tranchées.

En Woëvre, elle a réduit au silence des batteries allemandes.

Dans la région du Ban-de-Sapt (nord-est de Saint-Dié), notre infanterie a fait un bond en avant et s'est établie sur le terrain gagné.

Rien à signaler en Haute-Alsace.

Russie. — Sur la Bzoura, les Allemands se sont maintenus en deux points au nord de Sochaezew. Ils ont été, au contraire, rejetés sur la rivière au sud-ouest de cette ville. Leurs tentatives pour déboucher à l'est de Bolimow ont échoué.

Ils font des efforts pour franchir la Rawka au sud-est de Skierniewice.

Au sud de Rawa, ils résistent opiniâtrement à une offensive russe prononcée sur la rive nord de la Pilica.

Deuxième Communiqué

Au nord de la Lys, l'ennemi a canonné assez violemment les abords de la route d'Ypres à Comines et ceux de Langemark, mais il n'a prononcé aucune attaque.

Devant la Boisselle (nord-est d'Albert), légère progression de nos troupes.

La nuit dernière, une attaque allemande sur le bois de Saint-Mard (est de Tracy-le-Val) a été repoussée.

Nous organisons les tranchées enlevées avant-hier près de Puisaleine.

Le terrain conquis dans le Ban-de-Sapt, près de Launois (nord de Saint-Dié), a été conservé et organisé.

Aucune autre nouvelle importante n'est parvenue du reste du front.

25 DÉCEMBRE 1914

Progression des alliés en avant de Nieuport. — Occupation par les Français d'une partie de La Boisselle (est d'Albert). — Progrès des Français dans la région de Cuisy et vers Cirey-sur-Vesouze. — Un avion allemand, se dirigeant sur Londres est poursuivi à Sherness. — Des avions anglais, convoyés par des croiseurs et des sous-marins jettent des bombes sur la flotte allemande et sur Cuxhaven (Allemagne).

Situation des armées sur le front occidental

L'activité sur toute la longueur du front et la pression persévérante et méthodique des alliés s'est continuée dans la journée d'hier par des duels d'artillerie et des combats d'infanterie.

En Belgique, dans la région comprise entre la mer, Dixmude, Ypres et Roulers, la résistance énergique des Allemands nous a obligé à canonner fortement leurs positions avant d'essayer une nouvelle offensive.

Entre la Lys et l'Oise, au nord et au sud d'Arras et vers Lihons et Roye, nous avons gagné partout du terrain.

Sur l'Aisne et en Champagne, ce sont les combats d'artillerie qui ont dominé. Notre avance a été sensible vers Berry-au-Bac, Perthes et Mesnil-les-Hurlus; la ville de Reims se trouve donc de plus en plus dégagée et bientôt entre Reims et Verdun notre front sera, sur une longueur de 100 kilomètres, une ligne droite parallèle à la grande route.

On annonce, sous toutes réserves, que les services télégraphiques de Reims sont ouverts au public depuis le 24 décembre, ainsi que dix-huit autres bureaux de la région. Un train a pu atteindre la gare du Châtelet (Ardennes), ligne de Paris à Charleville, à 28 kilomètres au nord-est de Reims et à 12 kilomètres au sud de Rethel.

Entre Argonne et Meuse, nous avons résisté à toutes les attaques allemandes, dans le bois de la Grurie, et conservé les positions conquises; vers Cuisy-les-Forges, à l'est de Montfaucon, nous avons progressé grâce à l'efficacité du tir de notre artillerie qui a maîtrisé les batteries et les mitrailleuses ennemies.

Dans les Vosges, nous avons progressé jusqu'à 1.500 mètres de Cirey-sur-Vesouze et repoussé une attaque sur la tête-de-Faux.

Nous tenons donc l'ennemi partout et l'Allemagne commence à sentir le poids des difficultés qu'elle s'est créées. Un de ses écrivains, Maximilien Harden, le reconnaît et publie la note suivante : « Notre devoir nous défend de cacher que nous sommes terriblement loin de notre but et que jamais nous n'avons eu plus d'ennemis. Nous avons contre nous une majorité écrasante de pays neutres et il pourrait se faire qu'une grande puissance et deux nations guerrières de l'Europe orientale fortifient encore les rangs de nos ennemis. Il faut que l'Allemagne soit prête au pire sort qui l'ait jamais frappée. »

F. B.

Nouvelles diverses publiées par les journaux

— M. Stéphen Pichon dans le *Petit Journal* et Clemenceau dans *L'Homme enchaîné* mènent une campagne de presse en faveur de l'intervention du Japon aux opérations de guerre en Europe. M. Hanotaux, dans le *Figaro*, ne croit pas cette intervention nécessaire, pour le moment du moins. L'agence Reuter, de Londres, publie une information qui dit que les « alliés n'éprouvent pas, pour le moment, le besoin que la sphère d'action des Japonais soit agrandie ».

— La nouvelle parvenue hier de Rome et relative à ce que l'empereur d'Autriche serait mourant n'est pas confirmée et paraît inexacte.

— Le Portugal est virtuellement en guerre avec l'Allemagne; un télégramme de Lisbonne annonce que les Allemands ont envahi à nouveau l'Angola (Afrique) et qu'un corps expéditionnaire portugais marche à leur rencontre.

— Les Italiens ont débarqué hier un détachement de marins à Vallona (Albanie). Le débarquement n'a donné lieu à aucune manifestation.

Les journaux italiens rapportent qu'un sous-marin français, après avoir essayé de torpiller les cuirassés autrichiens à Pola, a été aperçu et canonné. Le sous-marin aurait coulé mais l'équipage a été sauvé et retenu prisonnier. Le ministre de la marine dit n'avoir reçu aucune confirmation du fait qui n'a cependant rien d'impossible.

En Russie. — Les Allemands reconnaissent eux-mêmes que la retraite des armées russes est le résultat d'une opération stratégique, du reste les Russes ne reculent plus et tiennent tête aux armées allemandes pendant qu'ils reprennent l'offensive contre les armées austro-allemandes de Galicie. La bataille est engagée sur tout le front et le ministre de la guerre russe, général Soukhomlinof, a déclaré à un journaliste : « L'ennemi ne prendra pas Varsovie.

En Turquie. — Les navires français *Gambetta* et *Waldeck-Rousseau* ont capturé, dans la mer Ionienne, un vapeur turc ayant à son bord de nombreux officiers turcs.

Le 23 décembre, un croiseur français s'est approché des Dardanelles et a tiré 14 coups de canon sur des troupes turques concentrées à Geukhi; il les a dispersées.

Un contre-torpilleur français a bombardé la côte d'Asie-

Mineure en face Ténédos; il s'est retiré après avoir lancé 35 obus.

La *Gazette de Francfort* publie un avis qu'elle a reçu de Constantinople suivant lequel l'armée turque, sous le commandement de Djemal-Pacha, a commencé sa marche en avant vers le canal de Suez.

Documents historiques, récits et anecdotes

— « IL FAUT ÊTRE PRÊTS... » — « LE SALUT DE LA PATRIE EST LA SUPRÊME LOI... » — Un correspondant de la *France,* de Bordeaux, a fait, au pays du général Joffre, une trouvaille précieuse : une allocution prononcée par notre grand chef devant ses compatriotes, une allocution prophétique et qui apparaît aujourd'hui comme une page de sagesse patriotique à graver sur l'airain.

La guerre balkanique venait de prendre fin. Le général Joffre en tirait cette leçon de préparation militaire:

« Une réunion de quatre petits peuples, représentant un total de 10 millions d'habitants, a brillamment vaincu, par les armes, une nation qui en comptait 40 millions et l'a réduite à solliciter la paix.

« Le nombre n'est donc pas l'unique agent de la victoire, et nous pouvons ne pas nous effrayer des sinistres prophéties de ceux qui voient dans la décroissance de notre natalité une cause certaine de défaite, en présence de l'augmentation continue des populations voisines.

« Ceux qui raisonnent ainsi sur un facteur unique oublient que les phénomènes de l'Humanité sont essentiellement complexes et sont fonctions d'un grand nombre de variables.

« Le nombre, pour n'être l'agent ni unique ni décisif des batailles, n'en est pas moins un facteur important, dont nous devons, par tous les moyens, enrayer la décroissance et favoriser l'augmentation.

« Mais puisque dès maintenant, et pour longtemps

encore, nous ne pouvons l'escompter en notre faveur, le devoir impératif et étroit s'impose à nous de compenser son influence par d'autres éléments qu'il ne dépend que de nous de faire intervenir.

« Une des causes essentielles des succès balkaniques réside dans la *préparation* longue, attentive, opiniâtre que les alliés ont faite de la guerre, non pas de la guerre en général, mais de cette guerre qu'ils voulaient contre l'empire ottoman, lequel s'en est beaucoup moins préoccupé.

« Loin de moi l'opinion que le sort des batailles dépend exclusivement de leur *préparation*. Ce serait, d'une autre façon, tomber dans l'erreur du facteur unique.

« Il est certain au contraire que, tant que la décision ne sera pas intervenue, si incertaine, si défavorable même qu'elle apparaisse, un effort vigoureux, une idée heureuse peuvent la faire changer de sens. Mais la *préparation* est indispensable. »

Les services précieux de nos soldats coloniaux sont prévus en ces termes :

« Notre politique coloniale nous a valu de vastes territoires possédant plus de 45 millions d'habitants. Elle a donc plus que doublé le nombre des êtres humains qui vivent à l'abri du drapeau tricolore. Et c'est là une considération qui est de nature à toucher les partisans exclusifs du nombre. Sans doute, nous ne pouvons pas, dès maintenant, demander à nos nouveaux sujets, malgré de réelles qualités militaires de la plupart d'entre eux, les mêmes services de guerre qu'à nos compatriotes. Mais déjà ils nous ont puissamment aidés dans les expéditions coloniales elles-mêmes. Actuellement, ils allègent les charges du contingent français dans l'Afrique du Nord.

« Il est permis d'en attendre des services plus précieux encore et plus immédiats au fur et à mesure que le temps et une sage politique en font de véritables associés aux intérêts de la mère-patrie. »

En période de paix, il faut travailler à « être prêts » et cela comporte une immense besogne d'organisation :

« Ah ! certes, il est facile de représenter comme sacrifiées les ressources consacrées à des œuvres militaires; de dire que le métal employé aux canons est une matière perdue, alors que, transformée en outils, elle serait féconde; de proclamer gaspillé le temps passé à la caserne et aux manœuvres.

« Plus les périodes de paix se prolongent, plus ces affirmations se produisent, plus on est tenté de leur faire crédit.

« Puis un incident, un malentendu peut-être, surgit. Et, aussi vite qu'un ciel pur se couvre de nuages, l'orage s'amoncelle, les partis de la guerre s'agitent, les bonnes résolutions sont oubliées, l'on court aux armes !

« Malheur, alors, à ceux qui sont tombés dans le piège des illusions ! Malheur à ceux qui ne sont pas prêts !

« Et dès lors, les efforts développés par une nation pour se prémunir contre de telles éventualités prennent l'aspect de primes d'assurances. Ils ne sont pas plus perdus que ne sont perdues les ressources employées à préparer la lutte contre l'incendie toujours possible, à élever des digues contre les débordements de certaines rivières ou contre les violences éternelles de la mer.

« *Il faut être prêts !* »

« Or, *être prêts* comporte, à notre époque une signification dont pouvaient difficilement avoir idée ceux qui ont préparé et conduit la guerre de jadis.

« Il ne s'agit plus de réunir une armée de métier plus ou moins nombreuse, plus ou moins renforcée par des levées hâtives. Il serait illusoire de compter sur le seul élan populaire, dépassât-il en intensité celui des volontaires de la Révolution, s'il n'était pas secondé par une organisation préalable. »

La moindre lacune peut amener un désastre, dit encore le généralissime :

« Pour être prêts aujourd'hui, il faut avoir, par avance, orienté avec méthode, avec ténacité, toutes les ressources du pays, toute l'intelligence de ses enfants, toute leur énergie morale vers un but unique : la victoire. Il faut avoir tout organisé, tout prévu. Une fois les hostilités commencées, aucune improvisation ne sera valable. Ce qui manquera alors manquera définitivement. Et la moindre lacune peut causer un désastre.

« Il faut que, dès l'adolescence, les muscles, le cerveau et le cœur de chacun aient été formés, d'abord par les premiers maîtres, puis au régiment, enfin dans la vie privée et au cours des périodes d'instruction militaire.

« Il faut avoir pris les dispositions les plus minutieuses et les plus sûres pour que l'ordre d'appel aux armes touche tous les intéressés; pour que chacun sache où il doit se rendre et comment il s'y rendra; pour qu'il trouve là ses chefs, ses armes et ses effets; pour que les unités ainsi constituées soient transportées sur les points de concentration avec leur matériel. Déjà la lutte, bien que lointaine, est effectivement engagée entre les adversaires : lutte de vitesse, lutte d'ordre, lutte d'intensité. »

Il faut une âme à une armée : le patriotisme, sentiment magique :

« A cette armée, organisée, outillée, instruite, rassemblée, prête à agir, il faut des chefs de guerre et des chefs de services, imbus les uns et les autres d'une doctrine nationale de guerre. Cette doctrine, basée sur les enseignements du passé et sur le progrès scientifique, sera adaptée aux qualités et au tempérament de notre race et formulée en règlements larges et précis...

« Mais, ni l'organisation matérielle de l'armée, si parfaite fût-elle, ni son instruction, si accomplie qu'on l'eût réalisée, ne saurait suffire à assurer la victoire, si, à cet être intelligent et fort, une âme venait à manquer.

« Cette âme, c'est le patriotisme, sentiment magique qui fait franchir tous les obstacles, supporter toutes les fatigues, accepter la discipline nécessaire et braver tous les dangers par ceux qui ont la conviction profonde, sincère, inébranlable, que « le salut de la patrie est la suprême loi. »

Ainsi parla notre Joffre en janvier 1913, quelques mois avant le coup de tocsin. — (*La France*, de Bordeaux.)

Dépêches officielles

Premier Communiqué

En Belgique, combats intermittents d'artillerie.

De la Lys à l'Oise, nous avons atteint, le 23 au soir, la bifurcation des chemins de Loos au Rutoire et de Loos à Vermelles.

Au nord-est d'Albert, nous nous sommes emparés de la partie du village de la Boisselle située au sud-ouest de l'église et d'une tranchée avancée au sud du village.

Au nord de Roye, à Lihu, près de Lihons, nous avons également fait quelques progrès.

Ces diverses attaques, menées avec beaucoup d'entrain, ont partout conservé le terrain gagné.

Au sud de l'Oise, notre artillerie a bouleversé des organisations défensives de l'ennemi, dans la région de Bailly et sur le plateau de Nouvron.

Sur l'Aisne et en Champagne, combats d'artillerie; plusieurs attaques allemandes ont été repoussées.

Au nord de Sapigneul (près Berry-au-Bac) notamment, une légère avance de nos troupes a été suivie d'une forte contre-attaque ennemie qui a complètement échoué.

Dans la région de Perthes et de Mesnil-les-Hurlus, nos progrès des jours précédents ont été poursuivis et consolidés. Au nord de Mesnil, nous nous sommes emparés d'un bois fortement organisé par l'ennemi à l'est de tranchées conquises par nous le 23; au nord-ouest de Mesnil et à l'est de Perthes, nous avons chassé l'ennemi des tronçons de

tranchées qu'il occupait encore et nous sommes maintenant maîtres de toute sa première ligne de défense.

En Argonne, dans le bois de la Grurie, à Bagatelle, Fontaine-Madame et Saint-Hubert, nous avons repoussé cinq
attaques et conservé notre front.

Entre Argonne et Meuse, malgré la neige et le brouillard,
nous avons progressé sur le front Boureuilles-Vauquois.

Dans la région Cuisy-bois de Forges, notre artillerie
lourde, en maîtrisant les batteries et les mitrailleuses ennemies, a permis à notre infanterie de faire un bond en
avant.

Sur la rive droite de la Meuse, les Allemands ont bombardé la corne sud du bois de Consenvoye, où nous sommes
établis. Dans le bois d'Ailly et dans la forêt d'Apremont,
notre artillerie a obligé l'ennemi à évacuer plusieurs tranchées.

Dans les Basses-Vosges, nous nous sommes avancés jusqu'à 1.500 mètres de Cirey-sur-Vesouze.

Deuxième Communiqué

Légère progression en avant de Nieuport.

Vers Notre-Dame-de-Lorette (nord de Lens), une attaque
ennemie a été repoussée.

Ce matin, nous avons enlevé une nouvelle tranchée près
de Puisaleine, et nous nous y sommes maintenus, malgré
plusieurs contre-attaques.

La nuit dernière, l'ennemi a vigoureusement attaqué,
sans succès, dans les Vosges, à la Tête-de-Faux.

Russie. — Sur la rive gauche de la Vistule, les Allemands
ont été rejetés de l'un des points qu'ils occupaient sur la
rive droite de la basse Bzoura et se sont renforcés sur
l'autre point.

Ils continuent leurs attaques sur Sochaczew et essayent
de déboucher de Polimow. A l'est de Skierniewice, leur

attaque de nuit a été repoussée et leur a coûté de fortes pertes.

Ils ont prononcé plusieurs attaques infructueuses à l'ouest de la Rawka et résistent vigoureusement à l'offensive russe sur la rive droite de la Pilica.

Ni en Prusse orientale, ni près de Przemysl, ni sur le front des Carpathes on ne signale de modifications essentielles.

---

26 DECEMBRE 1914

Des attaques allemandes sur La Boisselle, Lihons et Chivy sont repoussées. — Avance française en Alsace, devant Cernay. — Un zeppelin jette des bombes sur Nancy. — Mort en Argonne du lieutenant Bruno Garibaldi, volontaire italien.

Situation des armées sur le front occidental

On signale pour la journée d'hier, un calme relatif sur une partie du front et de violentes attaques allemandes dans certaines régions. En Belgique et jusqu'au nord d'Arras, canonnades peu intenses, dit le communiqué officiel, le brouillard a paralysé les opérations. De la Lys jusqu'à l'Argonne, l'ennemi a attaqué furieusement, cherchant à conquérir le terrain perdu. Au nord et au sud d'Arras, à Noulettes et La Boisselle, les contre-attaques ont été repoussées et à Lihons, une tranchée perdue a été reprise après un vif-combat à la baïonnette. C'est surtout dans la région de Perthes qu'a été livrée une véritable bataille; les hostilités ont commencé par un duel d'artillerie qui a tourné à notre avantage, une contre-attaque allemande a suivi et sur un front de 1.500 mètres, avec des effectifs importants, l'ennemi a essayé de nous culbuter; son échec a été complet.

En résumé, sur l'ensemble du front, nous avons maintenu nos positions, mais nous n'avons pas progressé, sauf cependant en Haute-Alsace où nous avons atteint la lisière des bois sur les collines à l'ouest de Cernay. Plusieurs contre-attaques ennemies ne nous ont pas empêché de maintenir les positions conquises.

Les Allemands ne parlent plus de leur marche sur Paris, ni même sur Calais, et quelques-uns de leurs journaux nous reconnaissent des qualités.

La *Gazette de Francfort*, dans un article publié par son correspondant de guerre, constate que les Français sont d'une bravoure remarquable; que leur instruction militaire est excellente; que l'artillerie est excellente et qu'elle dispose en abondance de munitions, et il ajoute: « Nos troupes se trouvent dans le Nord-Ouest en face d'adversaires qu'il faut prendre très au sérieux et tous nos succès de ce côté doivent être considérés comme doublement glorieux. »

F. B.

Nouvelles diverses publiées par les journaux

— Un avion français a survolé Strasbourg dans l'après-midi du 23 décembre; il a laissé tomber deux bombes qui ont causé des dégâts.

— Un zeppelin a survolé Nancy dans la matinée d'aujourd'hui; il a jeté 14 bombes sur la ville, deux personnes ont été tuées et deux autres blessées, quelques maisons particulières ont été endommagées.

Documents historiques, récits et anecdotes

— DANS L'ADRIATIQUE. — *Le raid d'un sous-marin dans une rade autrichienne.* — On nous communique l'intéressante lettre suivante écrite par un marin qui fait partie de l'équipage d'un sous-marin français. Elle montrera que, comme les fusiliers de Dixmude, les marins de notre flotte savent affronter courageusement les plus grands dangers.

Je vous écris en mer, par le travers de la Sicile et sur la route de la Grèce à l'île de Malte; nous avons une houle assez forte qui nous fait rouler bord sur bord, aussi ne croyez pas étonné si j'écris aussi irrégulièrement.

Nous rallions Malte pour nous reposer et faire subir quelques petites réparations au bateau, car comme nous il a été assez maltraité par le bora qui souffle avec rage dans la mer Adriatique. La tâche de nos bateaux n'est pas aisée, il est difficile de combattre un ennemi au fond d'un port, protégé par de nombreux champs de mines et de nombreux forts.

Enfin, malgré tout cela, nous avions reçu avec notre sous-marin la mission d'aller apprendre aux Autrichiens que les Français sont toujours à leur disposition; mon bateau a failli ne plus revenir, ce sont les dangers du métier.

Partis du mouillage le samedi matin, nous arrivons à 2 milles d'un port ennemi le dimanche, à 3 heures du matin, à 6 heures nous plongeons à la vitesse de ceux qui ne sont pas pressés, c'est-à-dire à 5 kilomètres à l'heure, nous nous dirigeons vers l'entrée du port; à peine sommes-nous engagés dans la baie que nous apercevons un vapeur, le commandant ne veut pas le torpiller, il veut faire un meilleur emploi de ses torpilles; aussi nous descendons à 20 mètres et passons sous le vapeur. Vers les 7 heures et demie, en nous approchant d'un barrage, nous apercevons de nombreux cuirassés; mais il ne faut guère songer à aller les torpiller, le barrage les protège; mais à 600 mètres de nous arrivent le *Rudolph* et d'autres destroyers, ceux-là vont y passer. Pour que le tir soit plus sûr, nous nous approchons d'eux; mais voilà que tout à coup le navire se trouve pris, nous ne pouvons ni avancer ni reculer, nos barres sont engagées et prises dans des cables d'acier; malgré nous, nous venons presque en surface; aussitôt l'ennemi nous lance des torpilles qui, à toute vitesse, effleurent la coque et par miracle ne nous touchent pas; l'artillerie nous envoie des obus. Enfin, comme nous sommes immobilisés, c'en est fait de nous, aussi, avec impatience attendons-nous l'explosion qui va nous sortir de cette cruelle attente. Jamais je ne m'étais trouvé dans une situation aussi critique, mais il me semblait, comme à mes camarades, que la mort était rudement longue à venir, et quand l'on est convaincu que tout est fini, l'on voudrait que ce soit vite fait.

Pendant ce temps l'on essaye de se dégager de ce grand filet d'acier, on alourdit le bateau pour le faire couler, on se met à plusieurs hommes sur les volants des barres; tout à coup ça y est, nous coulons rapidement à 16 mètres, l'on augmente la vitesse et l'on se dégage; mais tout n'est pas fini, les contre-torpilleurs nous poursuivent et nour empêchent de reconnaître notre route, pourtant il faut la déterminer. Pour cela nous remontons à 9 m. 50, mais aussitôt les navires ennemis nous lancent des torpilles qui passent encore bien près de nous mais qui nous manquent grâce à une mauvaise appréciation de la vitesse, ils croyaient que nous marchions à 8 nœuds et nous ne marchions qu'à 2; enfin, au bout de deux heures nous sommes complètement dégagés, le soir nous faisons surface après douze heures passées sous l'eau. Vers les 7 h. 30 du soir il a encore fallu plonger, car nous étions poursuivis.

Dépêches officielles

Premier Communiqué

Canonnade peu intense sur le front entre la mer et la Lys, où un brouillard épais a paralysé les opérations.

Entre la Lys et l'Oise, nous avons repoussé plusieurs contre-attaques ennemies à Noulettes (ouest de Lens), à La

Boisselle (nord-est d'Albert), à Lihons (ouest de Chaulnes) où une tranchée prise à l'ennemi a été perdue, puis reprise après un vif combat.

Entre l'Oise et l'Aisne, on nous signale que dans la journée du 24 une très forte attaque allemande a été repoussée à Chivy (nord-est de Soupir).

Dans la région de Perthes, notre artillerie a fait taire les batteries qui bombardaient les tranchées récemment conquises par nos troupes. Deux fortes contre-attaques allemandes ont été refoulées dans la nuit du 24 au 25.

Hier, une nouvelle contre-attaque particulièrement violente sur un front de 1.500 mètres et avec des effectifs importants a subi un échec complet.

En Argonne et entre Meuse et Moselle, rien à signaler.

En Haute-Alsace, la journée a été marquée par de sensibles progrès. Devant Cernay, nous avons atteint la lisière des bois sur les collines à l'ouest de la ville; nous nous y sommes maintenus malgré plusieurs contre-attaques. Nous occupons la lisière d'Aspach-le-Bas et les hauteurs qui dominent Carspach à l'ouest.

Russie. — Les Allemands qui avaient forcé la Bzoura, au sud de Sochaczew, ont été rejetés après avoir subi des pertes considérables. Toutes leurs attaques sur Bolimow ont échoué. Dans la région d'Inowlodz (sur la Pilica) et au sud, des combats opiniâtres continuent.

Sur tout le cours de la Nida et au sud de la Vistule, la bataille se poursuit dans des conditions favorables pour les Russes.

Deuxième Communiqué

Rien d'important ne nous est encore signalé ce soir sur l'ensemble du front.

**Le 14e fascicule paraîtra incessamment.
Réclamer les fascicules précédents.**

NIORT. — IMP. TH. MARTIN

TYPO-LITHO.
Gravure
TH. MARTIN
INPRIMEUR
NIORT